A TRILHA PERCORRIDA

A TRILHA
PERCORRIDA

NDABA MANDELA

A TRILHA PERCORRIDA

Lições de vida do meu avô,
NELSON MANDELA

Tradução
Maria Clara De Biase W. Fernandes

1ª edição

Rio de Janeiro | 2022

EDITORA-EXECUTIVA
Raïssa Castro

SUBGERENTE EDITORIAL
Rayana Faria

EQUIPE EDITORIAL
Beatriz Ramalho
Mariana Gonçalves
Ana Gabriela Mano

ADAPTAÇÃO DE CAPA
Renata Vidal

REVISÃO
Júlia Ribeiro

DIAGRAMAÇÃO
Myla Guimarães

Mayara Kelly

TÍTULO ORIGINAL
"Going to the Mountain: Life Lessons from My Grandfather, Nelson Mandela"

CIP-BRASIL. CATALOGAÇÃO NA PUBLICAÇÃO
SINDICATO NACIONAL DOS EDITORES DE LIVROS, RJ

M239t Mandela, Ndaba
    A trilha percorrida : lições de vida de meu avô, Nelson Mandela / Ndaba Mandela;
    tradução Maria Clara de Biase W. Fernandes. – 1ª ed. – Rio de Janeiro: BestSeller,
    2022.

    Tradução de: Going to the mountain : life lessons from my grandfather,
    Nelson Mandela
    ISBN 978-65-5712-161-0

    1. Mandela, Nelson, 1918-2013. 2. Mandela, Nelson, 1918-2013 – Família.
    3. Presidentes – África do Sul – Biografia. I. Fernandes, Maria Clara de Biase W.
    II. Título.

22-75341   CDD: 968.071092
                CDU: 929:32(680)

Meri Gleice Rodrigues de Souza – Bibliotecária – CRB-7/6439

Texto revisado segundo o novo Acordo Ortográfico da Língua Portuguesa.

Copyright © 2018 by Ndaba Mandela
Copyright da tradução © 2022 by Editora BestSeller Ltda.

Todos os direitos reservados. Proibida a reprodução,
no todo ou em parte, sem autorização prévia por escrito da editora,
sejam quais forem os meios empregados.

Direitos exclusivos de publicação em língua portuguesa para o Brasil adquiridos pela
Editora Best Seller Ltda.
Rua Argentina, 171, parte, São Cristóvão
Rio de Janeiro, RJ – 20921-380
que se reserva a propriedade literária desta tradução.

Impresso no Brasil
ISBN 978-65-5712-161-0

Seja um leitor preferencial Record.
Cadastre-se no site www.record.com.bre receba informações
sobre nossos lançamentos e nossas promoções.

Atendimento e venda direta ao leitor:
sac@record.com.br

Sumário

Prólogo   **9**

1 *Idolophu egqibeleleyo iyakusoloko imgama.*
"A cidade perfeita está sempre muito distante."   **17**

2 *Umthi omde ufunyanwa yimimoya enzima.*
"A árvore mais alta recebe os ventos mais fortes."   **39**

3 *Umntana ngowoluntu.*
"Nenhuma criança pertence a uma só casa."   **49**

4 *Kuhlangene isanga nenkohla.*
"O maravilhoso e o impossível às vezes colidem."   **67**

5 *Uzawubona uba umoya ubheka ngaphi.*
"Ouça a direção do vento."   **87**

6 *Ulwazi alukhulelwa.*
"Ninguém se torna grande alegando grandeza."   **109**

7 *Isikhuni sibuya nomkhwezeli.*
"Quem brinca com fogo pode se queimar."   **125**

8 *Intyatyambo engayi kufa ayibonakali.*
"A flor que nunca morre é invisível."   149

9 *Ukwaluka.*
"Indo para a montanha."   163

10 *Indlu enkulu ifuna.*
"Uma grande casa precisa de uma vassoura resistente."   175

11 *Akukho rhamncwa elingagqumiyo emngxumeni walo.*
"Não há fera que não ruja em seu próprio covil."   187

Epílogo   209

Agradecimentos   217

Sobre o autor   221

"A luta contra o apartheid pode ser tipificada como a contraposição da lembrança ao esquecimento... É a determinação de nos lembrarmos de nossos ancestrais, nossas histórias, nossos valores e nossos sonhos."

— *NELSON MANDELA*

Prólogo

Uma das últimas fotos divulgadas de meu avô, Nelson Mandela, foi tirada na casa dele em Joanesburgo, em uma manhã de sábado de 2013, apenas algumas semanas antes de ele morrer. Nessa foto, meu filho de 3 anos, Lewanika, está sentado no braço da poltrona do meu Velho olhando com grande interesse para seu Baba. Meu avô está com um sorriso torto, segurando a mãozinha de Lewanika, do mesmo modo como segurou a minha na primeira vez em que o encontrei, na prisão Victor Verster, quando eu tinha 7 anos. Sorrio ao ver as semelhanças entre os dois: um contorno muito específico da raiz do cabelo, a mesma orelha em forma de concha, o modo como eles franzem os cantos dos olhos quando riem um para o outro.

Naquela manhã de sábado em particular, o Velho estava mais quieto do que de costume. Tinha 95 anos e estivera lutando contra uma prolongada infecção no trato respiratório superior, mas seu espírito forte ainda era evidente no modo como se firmava, e

A TRILHA PERCORRIDA

seu caráter forte era evidente no modo como segurava Lewanika. Meu avô adorava crianças. No fim de seus dias, se você pusesse o Velho em uma sala com um bebê ou uma criança pequena, era como se você não existisse. Subitamente, esse grande homem — esse líder revolucionário, esse presidente, esse histórico agente de mudanças — ficava tão bobo e com o coração tão mole quanto qualquer avô. Só tinha olhos para os pequeninos.

Quando eu era criança e só havia meu avô e eu na longa mesa de jantar, mais de uma vez ele me disse: "Em todos aqueles anos na prisão, nunca ouvi o som de crianças. Era disso que sentia mais falta."

Uma mesa de jantar, por mais comprida que fosse, não poderia ser ocupada por duas pessoas mais diferentes. Ele nasceu na zona rural da África do Sul, em 1918. Eu nasci numa área urbana, em Soweto, em 1982. Ele era um gigante, um tesouro nacional; eu era uma das mil crianças desleixadas que chutavam latas na rua. Teria sido fácil para qualquer um me ignorar, e muitas pessoas me ignoravam, mas não era do caráter de Madiba ignorar qualquer criança, não importava o quanto fosse pobre, desalinhada ou de aparência insignificante. Ele falava com grande saudade e tristeza sobre a ausência enquanto seus próprios filhos e netos cresciam Estivera na prisão durante a vida inteira e a maior parte da vida do meu pai, Makgatho Lewanika Mandela, o segundo filho do Velho com sua primeira esposa, Evelyn Ntoko Mase. Acho que a intenção dele era compensar um pouco isso me abrigando e se tornando, em todos os aspectos práticos, um pai para mim. Mesmo com todas as boas intenções, houve inconvenientes que ele não previu, mas, de certa forma, meu avô e eu cruzamos os vales que nos separavam.

Os filhos, netos e bisnetos de Madiba lhe deram um sentimento intenso de esperança, mas também um senso profundo de responsabilidade e um novo respeito pela tradição antiga. Ele olhava para nós e via tanto o passado quanto o futuro: seus ancestrais ao lado de seus descendentes. Nunca entendi totalmente isso até Lewanika nascer, seguido de sua irmãzinha Neema. Acho que comecei a entender quando o Velho passou da casa dos 80 para a dos 90, e os papéis que representávamos na vida um do outro começaram a se inverter. Meu avô havia sido meu protetor e cuidador quando eu era criança; agora, eu era o dele. Em seus últimos anos, ele não queria muitos estranhos ao seu redor. Queria que meu irmão e eu o carregássemos escada acima e preferia que sua esposa, Graça, o ajudasse com necessidades pessoais. Se ele ia sair de casa, queria que eu providenciasse segurança. Se estava sentado na cama, queria que eu lhe trouxesse os jornais mais importantes. Eu era o cara que fazia isso.

Frequentemente ele me dizia:

— Ndaba, estou pensando em passar o resto dos meus dias no Cabo Oriental. Você vai comigo?

— Sim, vovô, é lógico. — Era sempre a minha resposta.

— Bom. Bom.

Meu avô nunca voltou para o lugar onde passou sua infância. Talvez ele e eu nunca tivéssemos aceitado o conceito de "o resto dos meus dias". Eu queria pensar que o resto da vida dele duraria anos, por isso o momento final foi uma brutal surpresa para mim.

Mesmo perto dos meados da casa dos 90 anos, ele nunca perdeu o entusiasmo pela vida, mas, naqueles últimos anos, estava muito frágil, e isso o frustrava. Ocasionalmente se tornava bastante combativo, gritando com os enfermeiros e cuidadores. Deu até mesmo um soco na cara de um enfermeiro, para o choque e a consternação de todos. Foi como se o velho boxeador dentro dele de repente estivesse cansado de toda aquela besteira, e — *bam!* — desferiu surpreendentemente um forte gancho de esquerda antes de qualquer um entender o que estava acontecendo.

— Saia daqui! — gritou para o pobre sujeito. — Meu neto cuidará de você se não sair da nossa casa! Ndaba! Pegue aquela bengala!

— Vovô, vovô, calma, calma, calma. — Eu sempre tentei interferir e acalmá-lo, mas às vezes não havia como. Sua voz grossa e profunda ainda era capaz de fazer o teto estremecer. Aquilo surpreendia quem não passava muito tempo com ele, mas para mim era um terrível lembrete de que o Velho estava realmente ficando *velho*. Eu não me permitia pensar em onde aquilo iria parar. Não é do estilo dos homens da minha família ser nostálgicos ou sentimentais. Por cinco gerações antes de eu nascer, durante o apartheid, os membros da minha família enfrentaram todas as formas de luta, opressão e violência que se possa imaginar. Esse tipo de história tende a engrossar a casca de um homem. Nós seguimos em frente. Não recuamos.

— *Ndiyindoda!* — gritamos em um momento crucial do *Ukwaluka*, o rito tradicional de circuncisão por meio do qual um garoto xhosa chega à idade adulta. Isso significa: "Sou um homem!" A declaração nos define desse momento em diante. *Ukwaluka* — "indo para a montanha" — é uma celebração, mas os *abakhwetha* (os iniciados, geralmente no fim da adolescência ou início da casa dos 20 anos) devem sobreviver a um mês de rigorosas provas físicas e emocionais. Meu avô descreveu *Ukwaluka* como "um ato de coragem e estoicismo". Um momento depois que o *ingcibi*, o especialista em circuncisão, desfere o golpe crítico com a lâmina, o iniciado grita: *Ndiyindoda!*, e é melhor que esteja sendo sincero. Não há anestesia, por isso não pode haver medo. Recuar ou se encolher pode causar consequências desastrosas. Uma infecção pode ser fatal. Há controvérsias sobre a prática; homens jovens morreram. Ela foi encoberta durante muitas gerações, porque, vamos encarar este fato: se você soubesse de todos os detalhes, ia querer fazer isso?

Eu não vou mentir: senti um pouco de medo durante minha adolescência, sabendo que algum dia iria para a montanha. Receberia meu nome de circuncisão e reivindicaria meu lugar no mundo. Seria um homem. Para ser sincero, aquilo parecia muito trabalhoso, e meu avô deixou nítido que não esperava menos de mim. Mas ele não apenas me disse: "Seja homem!" Durante os anos em que morei com ele — e os anos em que não morei —, meu avô foi um exemplo de vida que não pude ignorar. Mostrou-me que nenhum ritual poderia transformar um menino em um homem. *Ukwaluka* é a expressão exterior de uma transformação interior que já havia ocorrido e, para mim, essa transformação era de longe a tarefa mais difícil.

Como foi estranho descobrir que, no fim da vida desse grande homem, levando em conta tudo que ele me deu e ensinou, os maiores privilégios estavam nos menores momentos! Sua mão em minha cabeça quando eu estava solitário ou com medo. Seus olhos sombrios enquanto ele me fazia preleções à mesa de jantar. Sua longa risada e seu modo teatral de contar histórias — e ele adorava contá-las! Especialmente as do folclore africano com as quais crescera. Ele até mesmo escreveu um livro infantil, *Meus contos africanos*, e no prefácio dizia: "Uma história é uma história; você pode contá-la como sua imaginação, seu ser e seu ambiente ditarem, e se sua história ganhar asas e se tornar propriedade de outros, você não poderá contê-la." Ele expressava um desejo sincero de que a voz do contador de histórias africanas nunca morresse, e sabia que para isso acontecer, as próprias histórias deveriam evoluir e se curvar ao ouvido de cada novo ouvinte.

Esse é o espírito com o qual eu apresento as histórias neste livro — as histórias sobre minha vida com meu avô, junto com algumas das histórias e máximas xhosa antigas —, e, ao fazer isso, espero partilhar as maiores lições de vida que aprendi com

Madiba. À medida que vou ficando mais velho, vejo todos esses eventos sob uma nova luz, por isso entendo por que outros que testemunharam os mesmos eventos podem vê-los de um modo diferente. A memória humana é mais mutável e misteriosa do que qualquer uma daquelas histórias antigas sobre bestas mágicas, aranhas falantes e rios que fluem com almas próprias, mas inevitavelmente uma história revela o coração de quem a conta. Por isso, até mesmo essas histórias fantásticas contam uma verdade muito real. Ao me sentar para realizar essa tarefa, sinto-me pequeno sabendo que pessoas no mundo inteiro — inclusive meus próprios filhos — lerão este livro, e me lembro da oração queniana ao espírito da verdade: "Que os deuses me livrem da covardia que não ousa enfrentar uma nova verdade, da preguiça que se satisfaz com uma meia verdade e da arrogância que pensa que conhece toda a verdade."

As histórias xhosa vão fundo nos temas que sensibilizavam Madiba e ainda me emocionam: justiça e injustiça, verdades ocultas reveladas e graves erros corrigidos, metamorfoses surpreendentes e acontecimentos místicos. O mestre contador de histórias Nongenile Masithathu Zenani, um curador da tradição oral xhosa, diz que o poder do contador de histórias está em *ihlabathi kunye negama* — "o mundo e a palavra". Meu avô entendia o poder de um homem de mudar sua própria história e o poder dessa história de mudar o mundo.

Quando eu era criança, minha história — minha pequena órbita — era definida por duas coisas: a pobreza e o apartheid. Aos 11 anos, fui morar com meu avô, que me ajudou a desenvolver uma nova visão do mundo e do meu lugar nele. Minha primeira infância por vezes foi assustadora. Meus anos de adolescência foram complicados. Eu tive dificuldades na escola. Caía na gandaia para abafar o ruído da multidão e a dolorosa ausência dos meus pais. Algumas das escolhas que fiz partiram o coração do meu avô, e algumas das escolhas que ele fez partiram o meu. Mas ao longo dos anos, sempre, sempre houve um laço de boa-fé entre nós. Ele via um bom homem em mim e se recusou a desistir até que eu o visse no espelho. Eu via um grande homem no meu avô e me esforcei muito para ser mais parecido com ele.

Acho que as palavras de Madiba têm o poder de mudar coisas no seu mundo também, e me refiro ao mundo ao seu redor e ao mundo dentro de você, ao universo não descoberto que é sua própria potência. Acredito que a sabedoria de Madiba, amplificada e personificada por mim e por você, ainda tem o potencial de transformar o mundo que partilhamos e o mundo que nossos filhos vão herdar.

1

Idolophu egqibeleleyo iyakusoloko imgama.

"A cidade perfeita está sempre muito distante."

Quando conheci meu avô, eu tinha 7 anos e ele 71. Já era um velho aos meus olhos e aos olhos do mundo. É óbvio que eu havia ouvido muitas histórias sobre o Velho, mas eu era uma criança, então aquelas histórias eram tão reais ou compreensíveis para mim quanto as da cultura xhosa repetidas por minhas tias-avós, meus tios-avós e outras figuras mais velhas na vizinhança. A História da Criança com a Estrela na Testa. A História da Árvore que não Podia Ser Agarrada. A História de Nelson Mandela e como Ele Foi Preso pelos Homens Brancos. A História do Massacre de Sharpeville. Fábulas e histórias do folclore pairavam nas ruas poeirentas misturadas ao noticiário no rádio de um carro. Parábolas e provérbios passavam pelas brechas nas

A TRILHA PERCORRIDA

histórias da Bíblia no Temple Hall. A História dos Trabalhadores na Vinha. A História de Jó e seus Muitos Problemas.

Meu avô cresceu como uma pessoa despachada, um lutador nas ruas de Soweto e, para o bem ou o mal, um lutador é sempre um bom contador de histórias. A História de Onde Eu Estava na Noite Passada. A História de Como Eu Serei Rico Algum Dia. Adultos ao meu redor, cada qual com seu próprio sistema de crenças, contavam repetidamente suas histórias, fumando, tomando cerveja, balançando a cabeça. Falando, falando, falando. Era tudo que eu ouvia quando era criança. Eu não prestava atenção de verdade. Nunca senti aquelas histórias penetrarem em minha pele e chegarem aos meus ossos, mas era isso que elas faziam.

Eu era um menino esperto com uma mente rápida e uma imaginação fértil, mas não tinha uma compreensão real de que minha família estava no centro de uma tempestade política global. Não sabia por que estava sempre sendo levado de um lugar para outro ou por que as pessoas ou me acolhiam ou batiam a porta na minha cara — ou me amavam ou me odiavam — porque eu sou um Mandela. Estava vagamente consciente de que o pai do meu pai era um homem muito importante no rádio e na TV, mas não sabia o quanto ele se tornaria importante em minha própria vida ou o quanto eu já era importante para ele.

Disseram-me que ele amava meu pai, a mim e todos os seus filhos e netos, mas eu não tinha visto nenhuma evidência disso, e certamente não entendia que havia pessoas que pensavam que podiam usar o amor de Madiba por nós para sangrar seu espírito e humilhá-lo. Elas pensavam que o peso de seu amor poderia subjugá-lo de um modo que quebrar pedras no calor do sol da África do Sul não podia fazer. Estavam enganadas, mas continuaram a tentar. Primeiro deixaram várias pessoas da família visitá-lo em seu 71º aniversário, em julho de 1989. Aquilo deve ter sido como uma gota de água na língua de um homem que estava morrendo de sede há 27 anos, mas Madiba ainda se recusou a ceder qualquer terreno político, então, seis meses depois, lhe permitiram receber uma visita no Ano-Novo, em 1990, apenas algumas semanas antes de meu sétimo aniversário.

Meu pai não fez nenhum drama ao anunciar isso. Simplesmente disse:

— Vamos visitar seu avô na prisão. — Até aquele momento, tal sugestão era como dizer que entraríamos no carro para encontrar Michael Jackson ou Jesus Cristo. Pessoas na TV pareciam acreditar que meu avô era um pouco de ambos: celebridade e divindade. Esse rumo dos acontecimentos foi bastante inesperado, mas na cultura africana as crianças não fazem perguntas. Meu pai e minha avó disseram:

— Vamos. — E fomos.

Nenhuma outra explicação foi dada ou esperada, mas eu estava ardendo de curiosidade. Como seria a prisão? Minha avó Evelyn nos conduziria através de barras de ferro e desceria por um corredor de cimento até um pátio cercado de arame farpado? Portas de ferro pesadas se fechariam atrás de nós — e alguém se lembraria de voltar e nos deixar sair? Seríamos cercados por assassinos e bandidos? Minhas tias bateriam neles com suas bolsas enormes?

Eu estava pronto para lutar, se necessário, e defender minha família e a mim mesmo. Era bom com um bastão. Meus amigos e eu tínhamos aperfeiçoado nossas habilidades de luta com tacos ao longo de anos de lutas simuladas em ruas de terra e pátios danificados. Eu sonhava com uma grande batalha na qual seria o herói, e houve muito tempo para sonhar na viagem de 13 horas de Joanesburgo para a prisão Victor Verster em uma caravana de cinco carros enlameados que carregavam esposas, crianças, irmãs, irmãos, primos, tias, tios, bebês e velhos amigos de Mandela. Então, pode-se imaginar que foi uma viagem muito longa.

A TRILHA PERCORRIDA

Nós dirigimos pelo que pareceu uma eternidade, por entre colinas ondulantes e amplas savanas até as montanhas Hawequas. Viramos para o sul em Paarl, uma cidadezinha cheia de casas no estilo holandês do Cabo com fachadas e volutas brancas. Sentado no banco traseiro, abri a janela e inspirei o ar puro com cheiro de folhas de videira molhadas e terra recém-lavrada. Durante mil anos antes da Companhia Holandesa das Índias Ocidentais ir para aquela região, na década de 1650, ali era a terra do povo khoikhoi, que criava gado e possuía grande riqueza. Agora, a paisagem era dominada por vinhedos, e a montanha que os khoikhoi chamavam de Tortoise fora renomeada Pearl pelos holandeses. A montanha não sabia nada disso, certamente, e como um garoto de 7 anos, eu também não. Só via os vinhedos, verdejantes e rigidamente ordenados, e aceitava sem pensar duas vezes que aquilo era como deveria ser. Nunca questionei isso, porque, como toda criança africana, fui ensinado a não fazer perguntas. Mas agora, como homem — um homem xhosa —, como pai, filho e neto africano, realmente me pergunto: em que ponto as raízes de um vinhedo se aprofundaram tanto que se tornaram mais "nativas" que quinhentas gerações de gado?

Esse tipo de pergunta é a voz do meu avô em minha cabeça, embora já tenham se passado alguns anos desde a sua morte, e muitos mais desde que fui viver com ele em um mundo que gira rápido e onde nós desconstruímos e reconstruímos a ideia um do outro do que um homem é. Sua voz ainda ressoa em meus ossos, tropeçando nas histórias antigas. Instalou-se na medula, como sedimento em um rio. À medida que vou ficando mais velho, ouço a voz dele vindo da minha própria garganta. Todos me dizem que minha voz soa como a dele, e saber disso me faz pesar minhas palavras com um pouco mais de cuidado, particularmente em um ambiente público.

Na entrada da prisão havia uma pequena guarita com uma cancela atrás de um arco angular. Uma placa verde brilhante com letras amarelas dizia: VICTOR VERSTER CORRECTIONAL SERVICES. Embaixo havia a inscrição: *Ons dien met trots* ("Nós servimos com orgulho"). É possível que minhas tias tenham trocado olhares à ironia disso, mas, se o fizeram, não notei. Eu estava com os olhos erguidos para as altas faces rochosas das montanhas. Os adultos conversavam com os guardas, que se inclinavam da janela da guarita. Falando, falando, falando. Os guardas fizeram as duas dúzias de Mandela saírem dos cinco carros e entrarem em uma grande van branca. Espremidos nos bancos duros, estávamos nos movendo de novo, mas não fomos para o grande prédio da prisão com seus altos muros e seu arame farpado em espiral. Viramos e descemos por uma longa estrada de terra, pouco mais do que um desgastado rastro de pneus em paralelo que levava ao fundo distante, muito distante, do complexo prisional.

A van parou do lado de fora de uma porta de garagem arqueada e nós todos saímos na frente de um bangalô cor de salmão sombreado por abetos e palmeiras. Minha avó e minhas tias-avós estavam vestidas como se fossem à igreja ou a um evento social especial, destacando-se como pássaros exóticos, com cores fortes e brilhantes, contra as paredes cor-de-rosa pálido. Meu pai e os outros homens usavam camisas e gravatas, e, antes de se aproximarem do portão, sacudiram e vestiram seus paletós cuidadosamente dobrados.

A casa era cercada por um muro de jardim decorativo mais baixo do que o meu pai. Dois guardas armados estavam do lado de fora de um pequeno portão de ferro forjado — como um lindo portão de jardim, não como as dramáticas e ruidosas portas de ferro que eu havia imaginado —, e nos cumprimentaram e fizeram um sinal para entrarmos. E lá estava meu avô. Mal vislumbrei seu sorriso largo antes de ele ser tragado por uma onda de afeição. As mulheres choravam, correndo para atirar os braços ao redor dele, e gritavam: *Tata! Tata!*, que significa "pai". Os homens mantinham queixos rígidos e posturas retas, cada qual esperando sua vez de abraçar firmemente o Velho, segurar a mão e apertar o ombro dele. Sem lágrimas, sem lágrimas. Apenas maxilares firmes e apertos de mão fortes.

As crianças — inclusive meu irmão Mandla, meu primo Kweku e eu — ficaram atrás, sem saber direito o que esperar. Para nós, o Velho era um estranho, e ele parecia entender isso, sorrindo para nós por cima das cabeças de nossos pais e avós, paciente, mas ansioso por ir ao nosso encontro e cumprimentar cada um individualmente. Quando chegou a minha vez, ele segurou minha pequena mão na sua mão quente e enorme.

— Qual é seu nome? — perguntou.

— Ndaba — respondi.

— Sim! Ndaba! Bom, bom. — Ele assentiu com entusiasmo, como se me reconhecesse. — E quantos anos você tem, Ndaba?

— Sete.

— Bom. Bom. Em que série você está? Está indo bem na escola? Encolhi os ombros e olhei para o chão.

— O que você quer ser quando crescer? — perguntou.

Eu não tinha nenhuma resposta para essa pergunta, era uma criança que havia sido arrastada de lá para cá. Tinha visto muito pouco além da pobreza e dos obstáculos que me cercavam no centro da cidade, e não queria passar vergonha dizendo algo bobo como "lutador com bastão".

O Velho pôs sua grande mão no alto da minha cabeça e sorriu.

— Ndaba. Bom.

Ele me cumprimentou de novo, muito formal, muito correto, e foi falar com a próxima criança na fila. Sinto dizer que aquele momento não foi marcante. Sentado aqui agora, tentando me lembrar da sensação — a mão dele na minha cabeça, aquele gigantesco aperto de mão, sua perna muito comprida, o cheiro de linho e café quando ele se curvou para ouvir minhas tímidas respostas para suas perguntas — nada. Zero. Tudo aquilo ficou perdido em mim naquela época. Eu li o que meu avô escreveu sobre isso em *Longo caminho para a liberdade*. Ele sempre relutou em escrever sobre assuntos familiares pessoais, mas descreve a casa em Victor Verster como "um chalé" que era "exíguo, mas confortavelmente mobiliado". Isso me fez rir alto quando li, porque para um garoto de Soweto aquele lugar parecia uma mansão.

O sofá estofado e as poltronas combinando eram como nuvens cor-de-rosa. O banheiro impecavelmente limpo era do tamanho do quarto que eu dividia com meus primos. Um homem branco cujo trabalho era cozinhar e limpar a casa para meu avô ia e vinha da cozinha trazendo bandejas, tigelas e cestas de pãezinhos. Lá fora havia uma piscina de um azul imaculado em que eu ansiava por mergulhar. A piscina era ladeada de plantas e cercada pelo muro do jardim. Depois, meu avô me disse que havia arame farpado em cima do muro, mas ou eu era baixo demais para ver ou estava ocupado demais brincando na grama incrivelmente verde. Eu não poderia ter ficado mais impressionado se tivéssemos encontrado o Velho no Ritz Hotel. Na vez seguinte em que alguém me perguntou "O que você quer ser quando crescer?", respondi: "Quero ser presidiário!"

É óbvio que a prisão que eu esperava ver naquele dia era Robben Island, o inferno em que meu avô passou grande parte de sua vida. Com o surgimento de um movimento antiapartheid no mundo, as autoridades o transferiram para a casa em Victor

A TRILHA PERCORRIDA

Verster, em uma tentativa de separá-lo de seus amigos e provocar uma cisão entre os membros do Congresso Nacional Africano. Seus inimigos políticos esperavam reduzir-lhe a determinação com o conforto sedutor daquela casinha agradável e a promessa de poder ver sua família: a esposa que fora presa e torturada, os filhos que ele não via desde que eram pequenos, os netos que nunca vira. Mas seus inimigos o subestimaram. Por dois anos ele se manteve firme e determinado, rodada após rodada de discussões amargas sobre o futuro da África do Sul. Demorei muito para entender totalmente que meus primos e eu nos refestelamos naquele dia com os pés em cima das cadeiras onde meu avô, rotineiramente, se sentava com poderosos chefes de Estado engajado em debates políticos e ideológicos que logo mudariam o curso da história.

Com o passar do dia, os adultos se reuniram na cozinha e na sala de jantar, como os adultos tendem a fazer, e as crianças se sentaram no tapete da sala de estar assistindo *A história sem fim* no videocassete. Lembro-me vagamente das vozes adultas se elevando, das risadas e conversas animadas com a voz grave e ressonante de meu avô no centro de tudo. Mas nós não tínhamos nenhum interesse na conversa deles.

Sendo muito sincero, tenho de admitir que minha lembrança daquele primeiro encontro com meu avô é bastante vaga. Eu sei como ele estava naquele dia principalmente porque passei milhares de outros dias com meu avô enquanto eu crescia e ele envelhecia. Para os detalhes exatos, tenho de me basear no que vi mais recentemente sobre o lugar que agora se chama Drakenstein Correctional Centre. A placa verde e amarela brilhante ainda está lá, mas as pessoas só a veem porque estão visitando a estátua do meu avô como um homem livre, com o punho de bronze erguido, saindo de Victor Verster no dia 11 de fevereiro de 1990.

24

Em minha mente, os detalhes daquela visita da família são uma colagem de lembranças, recortes de jornais e conversas com meu avô, minha avó Mama Winnie e outros velhos amigos que estavam lá. Mas de uma coisa me lembro muito nitidamente: *A história sem fim*.

Suponho que um contador de histórias xhosa poderia chamar isso de "A História do Garoto que Salvou o Mundo de Nada". Nela (para quem não assistiu a esse filme ou leu o livro de Michael Ende), um garoto parte em uma perigosa jornada para vencer uma ameaça invisível, O Nada, que está lenta e constantemente engolindo tudo e todos no mundo. O assustador desafio para o garoto é que ele deve encontrar um modo de fazer parar essa ameaça invisível, mas primeiro precisa convencer os outros de que ela existe. Ele deve, de alguma forma, fazê-los entender que todos os que desapareceram tinham valor e que o mundo agora percebido como "normal" não é o mundo como deveria ser — e que o mundo *deve mudar* para sobreviver.

Em um sentido muito real, essa é a história do meu avô, Nelson Mandela. Acredito que também é a minha história. E espero convencer você de que é a sua história também.

Madiba e seus colegas no Congresso Nacional Africano, Gandhi e seus seguidores, Dr. Martin Luther King Jr. e todos que marcharam com ele — essas pessoas conseguiram quebrar as correntes físicas existentes sob o apartheid na África do Sul, o regime britânico na Índia e as leis de Jim Crow de segregação racial nos Estados Unidos. O equívoco e o mal do apartheid e da segregação era muito evidente. Diziam para as pessoas negras: "Não, você não pode viver em tal e tal bairro ou nesta ou naquela casa, porque fica perto demais das pessoas brancas. Não, você não pode entrar naquele ônibus. Não, você não pode usar aquele bebedouro ou aquele banheiro." Essas leis eram erradas, e os juízes, a polícia e os guardas prisionais estavam errados em segui-las. Se quisessem mesmo "servir com orgulho", certamente deveriam olhar para trás com vergonha. Qualquer lei que viole os direitos humanos ou civis de outra pessoa deveria escandalizar nosso senso natural de justiça social. Deveria ferir como uma lâmina nossa consciência, e acho que fere, mas somos muito bons em ignorar isso.

— Ser livre não é só se libertar de suas correntes — dizia meu avô. — É viver de um modo que respeite e aumente a liberdade dos outros.

Quando meu avô e tantos outros lutaram pelos direitos civis em todo o mundo e se libertaram daquelas correntes do apartheid e da segregação, era muito fácil identificar o inimigo. Mas no mundo atual há um novo embate para os jovens africanos — e para muitos jovens ao redor do mundo: quebrar as correntes mentais que ainda existem. É muito mais difícil quebrar as correntes mentais, porque você não pode tocá-las. Elas são intangíveis. Você não pode apontar para elas. Essas correntes existem dentro de sua mente, mas podem ser mais resistentes do que ferro. Cada elo é forjado por um ato de injustiça, grande ou pequeno. Alguns são infligidos pelo mundo; outros, por nós mesmos. Bob Marley canta sobre correntes mentais em "Redemption Song" e lembra de que o único que pode emancipá-lo é você mesmo.

Quando viajo pelo mundo, ouço jovens irmãos e irmãs falarem sobre o "sonho americano" — uma casa grande com piscina, móveis elegantes e uma empregada —, e reconheço esse lugar como uma prisão. Ouço repetidamente, em anúncios e reality shows na TV, sobre essa visão estreita de valor e riqueza, e não posso evitar contrastá-la com o jovem africano na Monróvia cujo sonho é ter uma biblioteca, ou a criança na Síria cujo sonho é ir para uma escola com um telhado, ou o jovem negro nos Estados

Unidos atacado simplesmente por dizer: "Minha vida importa." Neles e em você — e em mim mesmo, porque meu avô me abriu os olhos para isso — vejo a nova geração que reescreverá o mundo.

— Às vezes, é responsabilidade de uma geração ser grande — disse Madiba. — *Você* pode ser essa grande geração. Deixe sua grandeza florescer.

Eu nasci em Soweto, em dezembro de 1982. O casamento dos meus pais era turbulento. Duas personalidades fortes, ambas boas pessoas, mas que lutavam para fazer sua família dar certo em uma situação que era contra eles. Quando eu tinha 2 anos, meus pais deixaram Soweto, porque a vida ali se tornara difícil por conta do assédio da polícia e de protestos violentos em bairros predominantemente negros. Fomos viver com a vovó Evelyn — a mãe do meu pai — em Cofimvaba, uma cidadezinha no Cabo Oriental, onde ela era dona de uma mercearia. Aquela era uma área rural com grandes extensões de terra cultivada. Nós rotineiramente dividíamos a estrada com vacas e galinhas quando íamos a pé para a escola.

Vovó Evelyn era uma fervorosa testemunha de Jeová, por isso ler a Bíblia era uma rotina diária, de manhã e à noite. Antes do café da manhã, ela fazia um pequeno ritual de oração de dez minutos. À noite, antes do jantar, durava uns 45 minutos. Aos sábados e domingos, vovó Evelyn assistia aos serviços religiosos em Temple Hall. Depois de uma cerimônia interminável de três horas, eu lhe disse:

— Nunca mais quero fazer isso

Vovó riu e disse:

A TRILHA PERCORRIDA

— Está bem.

Ela sabia que eu estava tendo mais do que a minha cota em casa.

A vida era agradável e organizada na casa de vovó Evelyn. Ela era a chefe, mas meus pais estavam lá. Meu pai administrava a mercearia da vovó e sempre me deixava pegar salgadinhos, doces, chocolate ou o que eu quisesse. Às vezes me mandava comprar cigarros para ele, o que fazia com que eu me sentisse um garoto crescido. No meu sétimo aniversário, meu pai comprou um carneiro e nós o matamos e assamos, e eu nunca havia comido algo tão delicioso. Aquele era um momento bom para minha mãe e meu pai. Estavam juntos, eram jovens e saudáveis, e éramos uma família feliz. Nos feriados, a irmã do meu pai, Makaziwe (eu a chamo de tia Maki), vinha nos visitar com meus primos Dumani e Kweku. Kweku era três anos mais novo do que eu, mas nos divertíamos muito juntos.

Todos falavam isiXhosa. Essa era minha primeira língua, a língua que ainda amo. No filme *Pantera negra*, as pessoas do mundo de faz de conta de Wakanda falam isiXhosa, a língua com a qual meu avô e eu crescemos, então houve certa curiosidade em relação a isso desde que o filme saiu e foi um sucesso de bilheteria global. Eu fiquei muito feliz em ver essa pequena chama se acender, as pessoas verem a verdadeira beleza e o poder da África, e ouvir minha língua nativa falada ao redor do mundo. Essa é uma língua muito teatral que incorpora cliques, rugidos e inflexão musical como nenhuma outra língua na Terra. Ela exige todo o corpo, o maxilar, não só a língua.

A canção xhosa tradicional "Qongqothwane" — uma que as pessoas cantam em casamentos para desejar ao feliz casal uma união próspera — ficou popular na década de 1960 com Miriam Makeba. Os europeus a chamaram de "A canção do clique" porque a língua deles não tem a consoante percussiva da isiXhosa. É uma língua tonal, de modo que uma sílaba significa uma coisa quando é alta e algo totalmente diferente quando é baixa. Você não percebe a diferença quando ela é pronunciada. Tem de viver essa língua para realmente entendê-la.

Comecei a aprender inglês quando tinha 7 anos e me mudei para Durban com meu pai. Não sei por que minha mãe não foi conosco. Só me lembro de que ela não estava lá e, se eu fizesse muitas perguntas sobre isso, levaria uma palmada. Meu pai e eu ficamos com a família de Walter Sisulu, um ativista do Congresso Nacional Africano (CNA) que estava na prisão com meu avô. Sua esposa, Albertina Sisulu, uma enfermeira e ativista pela liberdade no CNA, era prima da minha avó Evelyn e sua melhor amiga. As pessoas a chamam de "Mãe da nação", mas para mim ela sempre foi Mama Albertina. Mama Albertina me tomou sob suas asas. Maternal e ao mesmo tempo rígida, ela criou um lar para sete crianças e vários adultos. Nós tínhamos de partilhar tudo, e havia muita gente, mas todos eram bem legais e sempre havia comida, algo que só fui valorizar mais tarde. Todos os adultos estavam envolvidos no CNA, por isso as crianças estavam cercadas por aquela vibração — a retórica, a paixão, a determinação —, e inevitavelmente aquilo se tornou nossa segunda natureza. Experimentávamos a opressão do apartheid diariamente, então pensávamos em coisas como liberdade e responsabilidade em um nível ao qual a maioria das crianças não é exposta tão cedo na vida.

Durban era o lar de muitos sul-africanos de ascendência india-na — mais indianos do que qualquer outra cidade fora da Índia —, por causa do modo como a Lei de Áreas de Agrupamento deslo-cava asiáticos e não brancos para áreas determinadas durante o apartheid. Então, em Durban, fui para uma escola muçulmana frequentada principalmente por estudantes indianos. Eu era o único garoto negro na minha sala, e aquilo foi muito difícil. Tudo que pude fazer foi me tornar mais intimidador do que os *bullies*. Era inútil falar sobre isso ou reclamar. Os adultos da casa tinham seus próprios problemas.

Fiquei aliviado quando minha mãe voltou e me levou para morar com o irmão dela em uma área relativamente decente de Soweto. A casa era pequena, mas tinha água corrente, um fogão de duas bocas e, mais importante ainda, minha mãe estava lá. Eu sentia falta do meu pai, mas gostava da escola católica em Joanesburgo. Passei algum tempo com pessoas da família da minha mãe, e depois com a família do meu pai. Às vezes, éramos eu e meu pai; às vezes, eu e minha mãe. De vez em quando, meus pais ficavam juntos, mas o relacionamento deles estava começando a se tornar violento. Às vezes, eu ficava assustado; em outras ocasiões, com fome. Lembro-me de ter sido mandado bater na porta do vizinho para ver se eles tinham algo para eu jantar.

Fui enviado para passar algum tempo com Mama Winnie e sua família, que tinha condições um pouco melhores de me alimentar. Winnie Mandela, a segunda esposa do meu avô e uma ferrenha ativista no CNA, era conhecida em toda a África do Sul. O governo a vigiava constantemente. Durante os anos em que Madiba esteve na prisão, ela foi presa e torturada, o que eu suponho que foi um modo indireto de atingir meu avô, que tinha de ficar sentado em Robben Island sabendo que não podia fazer nada para ajudá-la. Ser tratada daquela maneira de modo algum a fez se curvar. Pelo contrário, deixou Winnie e todo o CNA ainda mais determinados. Qualquer um com o sobrenome Mandela era sujeito a escrutínio e perseguição do governo, e, por conta disso, todos os adultos tinham de criar refúgios seguros para si mesmos e seus filhos.

Nós, crianças, geralmente íamos para onde nos mandavam ir e tirávamos o melhor proveito disso.

Mama Winnie morava na esquina da Vilakazi Street e Ngakane, em Soweto, logo acima da Archbishop Desmond Tutu. Aquele lugar agora é um museu chamado Mandela House. Foi declarado patrimônio nacional em 1999. Não fiquei lá durante muito tempo, e é estranho pensar em turistas visitando os quartos em que nos amontoávamos e o banheiro para o qual íamos carregando um balde de água. Lembro-me dali como um lugar em que era particularmente infeliz, mas não reclamava. Estava grato por ter um teto acima da minha cabeça e comida na minha boca, mas sentia uma saudade terrível dos meus pais e tinha uma forte sensação de que não era exatamente bem-vindo em uma casa já lotada. Escapulia para a casa do meu pai, que ficava colina acima, e isso acabou me levando de volta para morar com ele. Mais tarde, minha mãe foi morar lá também, mas meus pais brigavam muito. Depois que meu irmão Mbuso nasceu, eles estavam buscando desesperadamente pelo dinheiro necessário para sobreviver.

Com 10 anos, eu já tinha me acostumado com esse sentimento inerente de desconforto em minha vida, mas sempre soube que havia pessoas que me amavam. Tia Maki foi viver nos Estados Unidos por alguns anos, obtendo seu ph.D. em antropologia na Universidade de Massachusetts. Kweku se foi com ela, e senti falta de conviver com ele, mas eu saía com uma boa turma de amigos em Joanesburgo. Fui para uma escola católica, Sacred Heart College, que abriu suas portas para crianças negras — na verdade, crianças de todas as raças — depois do levante de Soweto, em 16 de junho de 1976. Naquele dia, estudantes negros sul-africanos do ensino médio saíram em um protesto contra a adoção do africânder como língua de instrução nas escolas de toda a região. A marcha foi tratada com apavorante brutalidade. A

A TRILHA PERCORRIDA

polícia que abateu aquelas crianças com armas semiautomáticas reportou o número oficial de mortos como 176, mas na verdade foi muito maior — alguns dizem que seiscentos ou setecentos, com mais de mil feridos. Nunca se poderá saber os números verdadeiros, porque a polícia ordenou aos médicos que reportassem todos os ferimentos a bala para que os feridos pudessem ser processados, e os médicos contornaram isso reportando ferimentos como "abscessos" e "contusões", em vez de ferimentos a bala e por cassetete.

A violência aumentava e diminuía como uma maré ao longo de várias horas, e durante toda aquela noite, veículos blindados chamados Hippos patrulharam as ruas. O Hippo era uma visão familiar em muitos bairros negros de Soweto e Joanesburgo. Sua inconfundível carroceria era pintada de amarelo brilhante com uma faixa azul. Os Hippos foram projetados para passar por cima de minas terrestres, portanto, não era nada difícil passar por cima dos manifestantes. Até dez soldados de infantaria podiam saltar da parte de trás do veículo, mas a torre dupla de artilharia era intimidadora o suficiente, de modo que raramente era necessário os ocupantes fazerem isso. No dia seguinte ao levante, uma força policial de mil e quinhentos homens entrou em cena com armas de choque e rifles automáticos. O exército sul-africano estava de prontidão para apoiá-los, se preciso. O levante foi efetivamente sufocado, mas as coisas nunca mais seriam as mesmas.

O Sacred Heart College reagiu a tudo isso anunciando que todas as raças eram bem-vindas na escola. Foi uma das primeiras escolas a fazer isso, e, por esse motivo, muitos membros do Congresso Nacional Africano enviaram seus filhos para lá. O CNA foi uma grande família durante aqueles anos. Por sermos crianças, não entendíamos o grave perigo que corríamos, mas as mães eram vigilantes e espertas. Sabiam que sua maior esperança era proteger uns aos outros. Os netos de Walter Sisulu e Jacob Zuma, membros do CNA que estavam na prisão com meu avô, eram meus amigos, e todos nós frequentávamos o Sacred Heart, que ficava em Observatory, um subúrbio a cerca de dez minutos da nossa casa.

Meus amigos e eu ouvimos histórias sobre o levante de Soweto e outros confrontos violentos entre manifestantes e a polícia. Brincávamos de luta com tacos — polícia e manifestantes, em vez de polícia e ladrão —, representando a violência que víamos diariamente na televisão. Dizíamos que enfrentaríamos todo o exército se chegasse perto de nossas casas.

Em um dia de outono de 1992 — o verão termina em abril, então provavelmente foi em maio —, meus amigos e eu estávamos jogando futebol quando vimos uma marcha de protesto se formando rua acima. Nós discutimos a possibilidade de reação Estávamos no ensino fundamental, tínhamos cerca de 10 anos, portanto, ainda vivíamos com medo de nossas mães, avós e tias. Não queríamos criar nenhum problema que pudesse despertar a ira delas. Mas decidimos: "Ei, somos homens! Somos guerreiros!" E lá fomos nós, rua acima.

Não era uma manifestação grande, apenas um grupo pequeno, mas apaixonado, de oitenta ou talvez cem homens e mulheres na casa dos 20 anos, cantando, erguendo cartazes e gritando em uníssono. Marchamos com eles, gritando e cantando, e percorremos dois ou três quarteirões antes de ver o grande Hippo amarelo dobrando a esquina na nossa frente. Houve um movimento súbito da torre. *Toc! Toc! Toc!* Bombas de gás lacrimogêneo silvaram acima de nossas cabeças. No momento seguinte, tudo era caos. Pessoas gritavam e se dispersavam. Pessoas corriam em todas as direções, cegadas pelo gás lacrimogêneo, desesperadas por fugir do Hippo. Algumas tropeçavam e caíam. Outras as ajudavam a se levantar.

Meus amigos e eu, como um bando pequeno e unido de pássaros assustados, disparamos na direção de casa. Estávamos a apenas alguns quarteirões da rua onde tínhamos passado a manhã brincando. O Hippo roncou e engasgou, parando no cruzamento, mas não desaceleramos por tempo suficiente para mais do que um olhar por cima dos ombros. Corremos, com os olhos lacrimejando, sufocando, e com as cavidades nasais cheias de um muco que ardia como lava quente. Chegamos à nossa porta da frente tossindo e cuspindo, nauseados e garantindo uns aos outros que não, não estávamos chorando — era apenas o gás que nos fazia lacrimejar. Não estávamos apavorados. Pelo contrário, estávamos eufóricos! Aquele era um momento de orgulho. Agora éramos soldados de verdade. Conhecíamos o ardor do gás lacrimogêneo.

Todo o episódio ocorreu em uma questão de minutos, e o mais notável foi o quanto isso pareceu banal no contexto geral das coisas. Duvido que esse incidente tenha sido mencionado no noticiário noturno. Foi um conflito pequeno entre uma sucessão diária de conflitos pequenos, batidas policiais no bairro e confrontos violentos. Lembro-me especificamente disso apenas porque é A História da Primeira Vez que Senti o Ardor do Gás Lacrimogêneo. Certamente não foi a última.

Essa era a vida sob o apartheid. A polícia podia entrar em todas as casas da rua quando quisesse. Pessoas que se opusessem a isso apanhavam e eram presas. O único modo pelo qual a minoria branca podia controlar a esmagadora maioria negra era mantê-la pobre e com medo, e esmagá-la, década após década, usando uma fábula horrível e mentirosa sobre sua inferioridade. Havia algumas pessoas brancas que odiavam o apartheid e sabiam que era errado. E, obviamente, quando você olha para a logística e a economia disso, o apartheid não era sustentável. Aqueles no poder sabiam que um dia ele chegaria ao fim; só não sabiam como. Em suas mentes, o único fim possível era por meio de uma terrível violência, porque esse era o único modo como viam sua continuidade.

Nesse meio-tempo, a revolução cultural ocorria em uma escala global. Meu avô foi preso em agosto de 1962 (acusado de incitar greves de trabalhadores e sair do país sem passaporte) e solto em fevereiro de 1990. Nas décadas em que esteve encarcerado, tudo no mundo mudou. Pense na diferença entre uma criança assistir ao programa infantil *Howdy Doody* em uma TV em preto e branco e uma criança assistir à animação *Ren & Stimpy* em um computador. Pense na diferença entre Chubby Checker fazendo "The Twist" e Dr. Dre lançando *The Chronic*. Houve os Beatles. Houve a Guerra do Vietnã. A integração se tornou a lei nos Estados Unidos e na Europa. A MTV se tornou popular. Michael Jackson e Prince eram ouvidos em discotecas de Soweto à Suécia. A Cortina de Ferro caiu. A União Soviética se desintegrou. O Muro de Berlim foi derrubado. Uma revolução cultural completa havia reescrito o mundo, liderada por artistas e músicos, poetas e *club kids*, punks e órfãos do metal *iron-blood*, uma nova geração empoderada por uma avalanche de avanços tecnológicos.

No fim da década de 1980, o governo sul-africano branco estava sendo fortemente condenado por quase todo o planeta. O progresso dependia deles, e sabiam disso, mas estavam apavorados. O que aconteceria se o governo branco tirasse seu coturno do pescoço da população negra — que era dez vezes maior do que a população branca? Como pessoas que haviam sido tão oprimidas, tão violentadas, poderiam reagir com algo além de uma raiva justificada? Eles sabiam que Mandela tinha grande influência, e

A TRILHA PERCORRIDA

constantemente defendia a reconciliação e o perdão, mas o que aconteceria com toda a conversa dele sobre paz quando surgisse a oportunidade de vingança? Acreditar mais no poder do perdão do que no poder da violência exigia uma tremenda dose de fé. Tolice, alguns diriam.

Há um velho provérbio xhosa que diz: *Idolophu egqibeleleyo iyakusoloko imgama*. Em uma tradução livre, significa que Bakuba — a cidade perfeita, Utopia ou como quer que você queira chamá--la — está muito distante. Ninguém jamais chegou lá. Mas isso não significa que não exista ou não possa existir no futuro. Pode requerer esforço e luta para alcançá-la, mas ainda vale a pena trabalhar em prol dessa grande visão de paz e igualdade.

Quando conheci meu avô, ele estava muito mais perto do fim de sua vida do que do início. Vinte e sete anos de lembranças, experiências e oportunidades lhe tinham sido tirados, mas seus ideais estavam intactos, junto de sua determinação e sua alegria genuína por estar vivo. Ele sabia que a mudança estava se aproximando. Em uma entrevista para a BBC, disse: "Importa muito pouco para mim se vejo isso ou não, mas definitivamente está muito perto, e é o que me motiva."

A saída do meu avô da prisão, em 1990, foi um grande momento. A maior parte da família estava lá para encontrá-lo quando saísse, mas só houve tempo para pouco mais de um breve aperto de mão. Ele foi arrastado por uma multidão de admiradores, pessoas que celebravam aonde quer que fosse, milhares de pessoas que o amavam e esperavam nem que fosse uma breve oportunidade de tocar nele ou apenas vislumbrá-lo enquanto seu carro passava. Um grande sentimento de euforia se espalhou pela África do Sul, mas as coisas simplesmente não mudavam da noite para o dia. O apartheid ainda era uma realidade. Aquela batalha ainda não fora vencida.

36

Meu avô costumava contar uma história sobre um grande guerreiro. Há três versões diferentes dessa história, mas basicamente é assim que ele a contava: "Muito tempo atrás, havia um bravo boxímane que lutou contra os africânderes. Lutou bravamente por um longo tempo, embora eles tivessem armas, e ele carregasse apenas seu arco e flecha. Viu seus companheiros caírem, um após o outro, até ser o único que restou lutando, mas ainda assim continuou até ficar na beira de um penhasco com apenas uma flecha em sua aljava. Bem, os africânderes viram isso e ficaram impressionados por ele continuar a lutar, mesmo sendo o único restante. Ergueram a bandeira branca e gritaram para ele: 'Ei, nós acabamos aqui. Derrotamos seu povo. Não lhe resta nada a fazer além de pôr sua arma no chão e se render. Venha cá e lhe daremos um pouco de comida e água, e assunto encerrado.' O guerreiro boxímane ergueu seu arco, lançou sua última flecha e pulou do penhasco."

Mesmo quando criança, eu sabia que essa história era sobre o momento em que você escolhe entre autopreservação e comprometimento com uma causa maior do que você mesmo. Em seu julgamento em 1964, Madiba disse: "Eu lutei contra a supremacia branca, e lutei contra a dominação negra. Acalentei o ideal de uma sociedade livre e democrática na qual todas as pessoas vivessem juntas em harmonia e com oportunidades iguais. Esse é um ideal que espero vivenciar e atingir. Mas, se preciso for, é um ideal pelo qual estou preparado para morrer." Isso não foi uma bravata ou hipérbole. Ele acreditava seriamente que o governo estava prestes a sentenciá-lo e aos seus colegas a serem enforcados como terroristas. Aquele foi o real momento do pulo do penhasco, quando eles se consideraram *sortudos* de irem para a prisão pelo resto de suas vidas.

A TRILHA PERCORRIDA

Então eles pularam do penhasco, totalmente preparados para morrer, e caíram por vinte e sete anos. Mas então algo surpreendente aconteceu: alguém os pegou. Eles se viram nos braços de milhões de pessoas que acreditavam na visão do CNA para uma África do Sul livre e democrática. Estavam preparados para morrer por isso, mas, mais importante ainda, preparados para viver por isso. Eles estavam preparados para se levantar e se mostrar, preparados para se manter firmes.

— Nosso país exige democracia — disse Madiba em uma sessão conjunta do Congresso dos Estados Unidos, em 1990. — Nosso país, que continua a sangrar e a sentir dor, precisa de democracia.

2

Umthi omde ufunyanwa yimimoya enzima.
"A árvore mais alta recebe os ventos mais fortes."

Os quatro anos que se seguiram à saída de Madiba da prisão foram alguns dos mais turbulentos da história de meu país — e de minha família — enquanto ele reunia todo o poder e a força das pessoas para garantir uma eleição organizada e uma transição pacífica para o fim do apartheid. Isso lhe deixou muito poucas oportunidades de reconstruir os relacionamentos interrompidos quando foi preso.

Ao longo dos anos, meu avô muitas vezes me disse que, quando estava preso, sua família sofreu ainda mais do que ele. Também escreveu sobre isso em sua autobiografia, *Longo caminho para a liberdade*, dizendo como era um homem que havia se tornado um mito "e depois voltou para casa e no final das contas provou ser apenas um homem". Falando como o pai da noiva no casamento de minha tia Zindzi, disse que seus filhos sabiam que tinham um pai. Sabiam que ele voltaria algum dia, e voltou, mas então partiu de novo, porque agora era o pai de uma nação.

— Ser o pai de uma nação é uma grande honra — disse Madiba —, mas ser o pai de uma família é uma alegria maior. Essa foi uma alegria da qual eu tive muito pouco.

Depois da visita da família à prisão Victor Verster, só voltei a ver Madiba em 1993, quando eu tinha 11 anos. Uma tarde, uma grande BMW preta entrou na área miserável em que eu morava, em Soweto, e parou em frente de casa na Vilakazi Street. O motorista saiu e me disse para entrar. Eu nunca tinha visto aquele sujeito, é óbvio, mas era Mike Maponya, um funcionário de confiança e amigo de longa data de meu avô. Segundo ouvi dizer, o tio de Mike foi motorista de meu avô depois que ele saiu da prisão, mas não conseguiu se ajustar à agenda cheia de Madiba, por isso passou o trabalho para seu sobrinho, Mike. Madiba gostou dele, e Mike acabou sendo seu motorista por mais de vinte anos. Nesse dia em particular, o trabalho de Mike era vir me buscar. O problema era que ninguém havia me falado sobre isso.

— Fui enviado pelo seu avô — disse Mike. — Ele me mandou buscá-lo.

Eu pensei: *Sério*? Está brincando comigo? Um estranho vem do nada e diz para um garotinho entrar no carro dele? Isso não está acontecendo.

— Seu avô — repetiu Mike. — Sabe quem é seu avô, não é?

Eu pensei: *Sim, sei quem é meu avô, mas não sei quem é você, cara.* Meus pais ainda não tinham chegado do trabalho e eu não via meu avô desde que ele saíra da prisão, três anos antes. Não ia a lugar algum com um desconhecido, mas haviam me ensinado a respeitar os mais velhos, por isso disse:

— Sinto muito. Não posso ir com o senhor.

— O quê? Está falando sério? Você está louco? — Mike abriu a porta e disse com muita insistência: — Garoto, entre no carro.

Eu fiquei em pé na calçada tentando parecer durão. Ele ficou frustrado e começou a gritar comigo.

— Você quer que eu perca meu emprego? É isso que você quer?

— Não.

— Certo. Então entre no carro! Não temos o dia inteiro.

— Não.

Nós ficamos nisso durante algum tempo, até ele entender que eu não entraria no carro e era grande o suficiente para não ser uma boa opção me forçar a fazer isso. Ele enfim voltou para o carro, bateu a porta e foi embora com todos os vizinhos olhando-o se afastar através de uma nuvem de poeira amarela.

Quando meu pai voltou para casa, eu lhe contei o que havia acontecido. Ele ouviu sem demonstrar surpresa ou emoção. Apenas disse:

— Se esse homem voltar, vá com ele.

Eu tinha um milhão de perguntas em minha cabeça. *Vá com ele para onde?* A última vez em que havia visto meu avô fora naquela casa na prisão, que ficava a centenas de quilômetros de distância. Eu sabia que ele tinha sido solto, mas onde morava? Quanto tempo eu ficaria lá? Como voltaria para casa? Agora ele era o presidente do CNA, então imaginei que devia ter uma casa muito bonita. Teria uma piscina? E um videocassete? Ou Nintendo! O Nintendo era completamente possível, e eu estava preparado para ficar totalmente à vontade com todas essas coisas pelo tempo que devesse ficar lá, até mesmo por uma ou duas semanas.

Alguns dias depois, Mike veio na grande BMW preta. Não houve despedidas. Não havia ninguém em casa de quem me despedir. Peguei minha mochila e entrei no carro. Imaginei que se fosse passar a noite na casa do meu avô, precisaria de meus livros escolares, meias limpas e algumas outras coisas. Enquanto

A TRILHA PERCORRIDA

dirigíamos pelo bairro, meus amigos pararam seus jogos na rua, apontando e assoviando para o grande carro preto. Não me lembro de nada do percurso, mas devia estar me sentindo ótimo. Meu antigo bairro era basicamente uma favela e, à medida que nos aproximávamos de Houghton, as coisas iam se tornando notavelmente mais bonitas. Mike parou na entrada para automóveis de uma enorme casa branca, e um portão eletrônico deslizou para o lado para nos deixar entrar. Ele estacionou do lado de fora da garagem e eu saí, sem saber o que deveria fazer.

— Está com fome? — disse Mike.

Assenti.

— Entre. — Ele apontou para a porta e me seguiu para dentro da cozinha, onde senhoras estavam ocupadas fazendo coisas de senhoras. Uma delas parou para me olhar de cima para baixo.

— Mama Xoli. Mama Gloria. — Mike me empurrou para frente. — O neto.

— Qual o seu nome? — disse Mama Xoli.

— Ndaba.

Ela assentiu, me sentou à mesa e pôs comida na minha frente. Não me lembro exatamente o que era, mas me lembro de achar que aquele era o maior banquete que eu já havia experimentado. Estava acostumado a uma comida comparativamente humilde, como arroz com ketchup e esse tipo de coisa. A grande cozinha da casa do meu avô era cheia de frutas e vegetais frescos. Havia algo com um cheiro maravilhoso em uma panela sobre o fogão. Suspeito que todos em minha família têm uma lembrança de algo doce ou picante naquela cozinha, e você pode ver muitas dessas lembranças no livro de receitas de Mama Xoli, *Ukutya Kwasekhaya*: Sabores da cozinha de Nelson Mandela, em tradução livre. (*Ukutya kwasekhaya* significa "comida caseira".)

Mama Xoli era uma típica mulher africana, forte e gentil. Ela era uma mulher gorda, e isso não a impedia de dançar um pouco enquanto mexia uma panela no fogão ou picava vegetais na tábua de madeira. Seu nome completo é Xoliswa Ndoyiya. Ela foi criada no Cabo Oriental e aprendeu a cozinhar com sua mãe e suas avós, por isso preparava maravilhosamente bem todos os pratos tradicionais que meu avô adorava. Mas também havia trabalhado em outros lugares durante anos, primeiro para famílias diferentes e depois em uma casa de repouso para judeus idosos, de modo que sabia fazer qualquer coisa, de panquecas de batata kosher a *umphokoqo*, que é uma mistura deliciosa e crocante de milho.

— Minha avó me alimentou com suas esperanças e seus sonhos junto com esse *umphokoqo* — dizia ela sempre que colocava uma tigela desse prato na minha frente. — *Tata* Mandela diz que, sempre que eu lhe faço *umphokoqo*, ele se lembra de como sua mãe cozinhava com amor.

Estou convencido de que esse também era o ingrediente secreto de Mama Xoli. Tudo que ela preparava para mim e minha família, do sanduíche mais simples à ceia de Natal mais elaborada, era cheio de amor e histórias.

— Minha mãe me fazia comer *isidudu* durante dez dias depois do nascimento dos meus filhos — disse ela, servindo uma cheirosa papa de abóbora, repolho ao curry e fígado. — A cada colherada, eu recebia a força e a sabedoria de todas as mulheres da minha família.

Ela sempre estava ocupada, mas parava para apertar meu ombro ao passar por mim e me olhava nos olhos quando conversava comigo, o que me fazia sentir que podia conversar com ela. Era ferozmente protetora com o Velho e considerava seu dever solene garantir que ele estivesse bem alimentado e saudável o suficiente para carregar nos ombros os fardos de toda a África do Sul.

— *Tata* está muito, muito ocupado — dizia. — Não crie nenhum problema, entendeu?

A TRILHA PERCORRIDA

Eu assentia, sem querer falar com a boca cheia.

— Ele é um homem muito importante, você sabe. É o presidente do CNA. Será candidato na eleição. Você verá. No ano que vem, será o presidente da África do Sul, que é um lugar muito grande. Há todos os tipos de pessoas malucas zangadas com todo tipo de coisa, então ele não precisa de nenhum problema de garotinhos.

— Por que elas estão zangadas? — perguntei.

Ela se sentou à mesa, despejando ervilhas ruidosamente em uma tigela.

— Bem — disse —, algumas pessoas estão zangadas porque o apartheid terminou. Outras estão zangadas porque não terminou há mais tempo. Algumas pessoas acham que tudo tem de mudar da noite para o dia, e outras acham que nada nunca deveria mudar. Elas estão assustadas, e culpam Madiba.

— É por isso que você tem o portão.

Ela me olhou severamente.

— Sim — disse. Mas então se suavizou e acrescentou: — Meu pai costumava dizer: "A árvore mais alta recebe os ventos mais fortes."

— O que isso significa? — perguntei.

— Significa que o homem mais poderoso deixa mais pessoas zangadas. Se ninguém está zangado com você, provavelmente é porque você não está fazendo nada corajoso ou importante. — Mama Xoli levou suas ervilhas para a pia e despejou água sobre elas. — A maioria das pessoas, negras e brancas, adora Madiba. Elas sabem que é difícil fazer mudanças, mas isso é bom. É como um garotinho que tem de ir à escola e se esforçar muito — acrescentou ela intencionalmente. — E comer todos os seus vegetais, mesmo se não gostar deles.

Quando eu havia me fartado daquela comida deliciosa, Mama Xoli me levou para o andar de cima e me mostrou meu quarto.

— Vou ficar aqui? — perguntei.

Ela respondeu:

— *Tata* vai falar com você sobre isso.

Ela não me disse que, alguns dias antes, o Velho havia perguntado a ela e a Mama Gloria se elas concordavam com a ideia de ajudá-lo a cuidar de seu neto. Ela sabia que isso era mais do que um arranjo temporário, mas achou que deveria ser ele a me contar. Eu achei que ficaria ali por alguns dias e estava totalmente tranquilo em relação a isso. Nunca em minha vida havia tido um quarto bonito como aquele. Nunca havia tido um quarto só para mim, muito menos um quarto com uma cama grande, e travesseiros e cobertores elegantes. Havia uma TV sobre a cômoda e um armário como uma caverna. Do lado de fora da janela, flores e árvores floridas ao longo do muro alto que cercavam a casa. Desabei na frente da TV, sentindo-me como se tivesse morrido e ido para o paraíso. Não sabia quanto tempo aquilo duraria, mas, nesse meio-tempo, ia aproveitar.

Naquela noite, eu ainda estava deitado lá vendo TV quando meu avô surgiu à porta.

— Ndaba! Bem-vindo!

Eu me apressei a ficar em pé diante dele, sentindo-me muito pequeno. Quase havia me esquecido do quanto meu avô era alto. Nos anos que se seguiram ao nosso encontro na prisão, só o vira na TV. Ele se elevava acima de mim como aquela grande árvore de que Mama Xoli falara, mas não de um modo intimidador ou autoritário. Sempre que entrava no quarto, um bom sentimento o acompanhava. Como o de que tudo estava bem agora. Minha impressão de meu avô, desde o primeiro ao último dia, era muito parecida com a impressão que ele causava no resto do mundo — uma calma paternal, definida por generosidade e calor humano. As rugas profundas nos cantos de seus olhos mostravam o quanto ele gostava de rir. Meu avô sempre mantinha seu corpo alto ereto, com uma postura digna e modos educados, estivesse falando com uma criança ou com um chefe de Estado estrangeiro.

— Como você está?

— Estou bem. Obrigado.

Ele falou comigo em inglês, por isso lhe respondi em inglês.

— Bom, bom — disse. — Está se adaptando bem? Tem tudo de que precisa?

Eu não sabia ao certo, porque ainda não fazia ideia do por que estava ali ou por quanto tempo ficaria, mas não queria causar nenhum problema, por isso disse:

— Sim, vovô.

— Bom, muito bom. Disseram-me que você fala inglês muito bem.

Assenti. Não queria dizer nada que pudesse ser errado.

— E quanto ao africânder?

— Não! — Balancei a cabeça. A maioria das pessoas que eu conhecia zombava da feiura do africânder e dizia que era a língua dos imperialistas holandeses. Por que alguém ia querer falar africânder em vez de xhosa?

— Você aprenderá africânder — disse ele. — É muito importante.

Fiquei surpreso em ouvir isso. Ia perguntar: "Por quê?", mas parei antes de as palavras saírem da minha boca. Não queria parecer impertinente.

— Eu estudei africânder quando estava na escola — disse Madiba — e quando estava em Robben Island, escrevia e falava africânder melhor do que os guardas brancos da prisão. Eles começaram a me procurar para pedir ajuda, traduzir e transcrever cartas e documentos. O diretor da prisão teve de mudar os guardas a cada seis meses, porque não queria que fizessem amizade comigo. "Quem está guardando Mandela? Ele? Não, é próximo demais. Enviem um que saiba que Mandela é o inimigo."

Ele parou e estudou meu rosto para ver se eu o estava acompanhando. Eu não estava.

— Eles deveriam ser meus inimigos — disse meu avô. — Mas se você aprende a língua de seu inimigo, adquire um grande poder sobre ele. Para vencer o inimigo, deve trabalhar com ele. Ele se torna seu parceiro. Talvez até mesmo seu amigo. Então você trabalhará nisso na escola. Aprender africânder. Tudo bem, Ndaba?

— Sim, vovô.

Ele me perguntou sobre meus amigos. Foi cordial e gentil como sempre era, mas ainda assim o homem era um estranho para mim, e eu estava bastante oprimido pela situação, por isso não dei muitas informações.

Ele finalmente disse:

— Está bem. Vamos tratar disso aos poucos. Vá para a cama às 22 horas.

— Sim, vovô.

Ele se virou para sair, mas antes de se dirigir à porta lançou um olhar analítico ao redor do quarto e apontou com a cabeça para minha mochila no chão, ao lado da cama.

— Espero que mantenha seu quarto limpo, Ndaba.

— Sim, vovô.

— Não importa quão humilde ou suntuoso seja o seu espaço, a ordem é uma questão de respeito próprio.

— Sim, vovô.

— Está bem. Boa noite, Ndaba.

— Boa noite, vovô.

— Tem certeza de que não precisa de mais nada?

— Bem...

Ele baixou os olhos para mim, sorriu e disse:

— Se há algo de que precisa, diga.

Eu ergui os olhos para ele e disse:

— Nintendo.

3

Umntana ngowoluntu.
"Nenhuma criança pertence a uma só casa."

Para entender A História de Ndaba e seu Avô, você deve entender como as famílias africanas funcionam (ou não) como um grupo ampliado e inclusivo. A monogamia é relativamente nova na cultura xhosa. A família "tradicional" de marido, esposa, dois filhos e um cão não é nossa tradição. Esse conceito chegou com missionários e com o colonialismo. A poligamia e os casamentos arranjados tinham mais a ver com manter os velhos costumes. Meu bisavô, Nkosi Mphakanyiswa Gadla Mandela, era o principal conselheiro do rei de Thembu, e tinha quatro esposas e 13 filhos. Mas meu avô tomou a decisão consciente de se casar com apenas uma mulher de cada vez, e todos os seus três casamentos foram por amor.

A primeira esposa de Madiba era minha avó, Evelyn. Eles se casaram em 1944 e se divorciaram em 1958, quando o envolvimento dele com o CNA se tornou cada vez mais perigoso. O primeiro filho deles, meu tio Thembi, que teve dois filhos, Ndileka e Nandi, morreu tragicamente em um acidente de carro durante os primeiros anos de meu avô na prisão. O segundo filho, meu pai, Makgatho, tinha 12 anos quando Madiba foi preso, e tia Makaziwe tinha dez. Madiba se casou com sua segunda esposa, Mama Winnie, em 1958, e eles tiveram duas filhas, minhas tias Zenani e Zindzi, que nem mesmo estavam em idade escolar quando o pai delas foi levado. Meu irmão mais velho, Mandla, é filho da primeira esposa de meu pai, Rose. Depois que meu pai e Rose se divorciaram, ele se casou com minha mãe, Zondi, uma zulu, que teve a mim e meus dois irmãos mais novos, Mbuso e Andile. Meu primo Kweku, filho da tia Maki, é tão próximo quanto um irmão, e nem sei o nome de todas as nossas tias-avós, nossos tios-avôs, primos, primos de segundo grau, sogros e sogras, esposas atuais ou antigas e descendentes. O fato é: somos todos uma família. Cada um de nós.

As famílias africanas dão uma canseira e são barulhentas, cheias de amor e música, propensas a discussões acaloradas e imensa lealdade. As mulheres xhosa e zulu são reconhecidamente fortes e bonitas. São superprotetoras com seus filhos e todos são superprotetores com os idosos, então faz sentido ser prático em relação a isso e aceitar que você é bem-vindo à minha mesa e eu sou bem-vindo à sua. Seus filhos são bem-vindos a dormir em minha casa e dividir o quarto com meus filhos. Naturalmente, de vez em quando, surgem ciúmes ou pequenas diferenças, mas, seja o que for, não é tão importante quanto a família.

Millennials acham que descobriram algo novo quando declaram que "amor é amor" e dizem: "Não há uma definição única de família, ou pelo menos não uma definição com a qual todos no mundo concordam, por isso devemos deixar de lado nossos conceitos aprendidos de como deveria ser uma família e criar famílias mais saudáveis e os ambientes mais amorosos possíveis para nós mesmos e nossos filhos." Mas é assim que as famílias africanas funcionam há dezenas de gerações. É bom que o resto do mundo finalmente esteja nos alcançando.

Atuar como uma família ampliada tem muito a ver com manter tradições, mas, além disso, os Mandela e as famílias do CNA tiveram de depender uns dos outros durante décadas de terrível perigo e incerteza. Então, apesar das circunstâncias extraordinárias, não me pareceu estranho ter sido enviado para ficar com meu avô. Eu achava que ficaria lá por algum tempo, alguns dias, semanas ou até mesmo meses, mas finalmente alguém iria me buscar ou me levar de volta para a casa dos meus pais e a vida seria como antes. E, logicamente, meu pai apareceu na casa de Madiba apenas alguns dias depois. Não me lembro exatamente o que eu estava fazendo quando ele chegou. Provavelmente jogando Sega.

O Nintendo — o Santo Graal dos videogames em 1994 — ainda estava fora de alcance, mas o Sega era todo meu. "Peça e você receberá", como vovó Evelyn costumava dizer. Durante aquela primeira semana, vi muito pouco meu avô, que estava extremamente ocupado, concorrendo à presidência de um país à beira de uma guerra civil e tudo mais, porém eu logo havia descoberto que ele era gentil, amoroso e estava ansioso para que eu me sentisse bem-vindo. Dois ou três dias depois, ganhei roupas, sapatos, meias, roupas íntimas — todo o tipo de coisas novas com cheiro das lojas de onde vieram, e que nunca foram usadas por meu irmão mais velho ou meus primos. Eu tinha minha própria cômoda para guardar tudo e, se derramasse algo em minha camisa enquanto devorava meu almoço, podia colocá-la em um cesto que alguém viria buscá-la e lavá-la, e ela reaparecia, limpa e recém-dobrada, um pouco como em A História da Mulher Zulu e o Rio Prestativo. Essa mulher atirou um punhado de terra em um rio mágico e disse: "Rio, me dê uma panela de barro." E pronto: uma bela panela de barro apareceu na margem.

Então, alguns dias depois que fui para a casa do meu avô para o que eu achava ser uma visita, meu pai chegou à casa em Houghton e pensei: *Ah, bem, foi divertido enquanto durou.* Minha maior preocupação era se me deixariam levar o Sega para casa comigo. Meu pai foi para o escritório de Madiba e fechou a porta. Enquanto eles conversavam, subi para meu quarto para pôr as roupas novas em minha mochila. Lamentava deixar aquele lugar maravilhoso, e sentiria falta da comida de Mama Xoli, mas estava feliz em ver meu pai e ansioso por voltar para casa, para minha mãe e meu irmãozinho. Eu já era um garoto grande de 11 anos e de modo algum um filhinho da mamãe, mas era estranho não ouvir a voz dela pela manhã. Eu achava que tinha de estar lá para cuidar dela, porque às vezes meus pais brigavam e as coisas saíam de controle. Achava que deveria estar lá para cuidar de Mbuso, porque às vezes meus pais bebiam demais e o choro do bebê me deixava nauseado e desconfortável. A ideia de ele chorar e eu não estar lá me fazia sentir ainda pior.

Eu estava pronto para ir quando meu pai entrou e se sentou em minha cama. Ele disse:

— Madiba é um grande homem. É importante para ele e sua família fazer coisas boas. Eu ainda posso dar um jeito na minha vida. Ainda posso ser um advogado. Preciso focar em minha educação. — Ele disse que Madiba o estava enviando para estudar Direito na universidade de KwaZulu-Natal. Aparentemente algo em meu rosto demonstrou que eu não estava entendendo, então ele disse sem rodeios:

— Você vai morar aqui agora.

Ele pode ter me abraçado antes de ir embora. Não me lembro. Tenho certeza de que não houve nenhuma grande manifestação de emoção. Isso não era do nosso estilo. Eu não fiz perguntas. Não chorei. Fiz o que me mandaram. Abri minha mochila e guardei minhas coisas cuidadosamente para meu quarto estar arrumado quando meu avô viesse me dar boa-noite.

Não tive notícias de minha mãe durante um longo tempo. Ela não me telefonou ou escreveu, e embora ninguém dissesse explicitamente nada sobre isso, tive a sensação de que não deveria esperar que minha mãe aparecesse para uma visita. Mais tarde, meu avô me disse que ela estava estudando Serviço Social em algum lugar. Outro lugar. Um lugar longe do meu pai e de mim. Ninguém me explicou que ela e meu pai estavam lutando contra o alcoolismo. A geração mais velha considerava esses assuntos impróprios para discussão, e certamente não deveriam ser discutidos com crianças.

Durante os anos seguintes, meus pais não fizeram parte da minha história. Isso é algo com que me debati mais tarde na vida. Quando eu era velho o suficiente para entender como essa separação afetou o relacionamento deles e o papel que meu avô teve nessa decisão, me esforcei para perdoá-lo. Tentei lhe dar um desconto, sabendo o quanto lhe doera sair da prisão e perceber que havia perdido uma vida inteira de convivência com seus filhos. Ele ficou em uma posição de poder e riqueza e, naturalmente, quis ajudá-los — eu sei que a sua intenção era boa —, mas acho que ele estava errado em separar meus pais dessa maneira. Para ser sincero, acho que minha mãe realmente foi deixada para trás. Na época, para mim foi como se ela tivesse simplesmente desaparecido.

Como a mulher zulu no rio.

Veja bem, esse rio prestativo parece oferecer um supernegócio no início, por isso a mulher continua voltando. Ela pede coisas maiores, e o rio exige cada vez mais sacrifícios. A panela por um barco. O barco por uma casa. Finalmente ela diz: "Rio, me devolva a criança que perdi muito tempo atrás." E o rio diz: "Corte fora seu coração e me dê."

Suponho que a principal mensagem dessa história antiga seja parecida com a do ditado ocidental que previne: "Tenha cuidado com aquilo que deseja." Mas agora que eu tenho filhos, entendo em outro nível o que essa história diz sobre a preciosidade das crianças africanas. A mãe, sem hesitação, corta seu coração por seu filho. Não há nenhuma dúvida em minha mente de que minha mãe me amava muito. Estou certo de que ela acreditava que estava fazendo a coisa certa me enviando para morar com Madiba e, por mais que seja doloroso para mim dizer isso, *foi* a coisa certa. Às vezes, é difícil fazer a coisa certa por seu filho. Às vezes, isso corta seu coração. Mas se minha mãe tivesse vindo me buscar na casa de meu avô, eu teria tido uma vida muito diferente, e não teria sido melhor do que a vida que tive.

Demorei muitos anos para entender tudo isso. Somente quando estava na universidade, estudando Ciências Políticas em Pretória, fui capaz de conectar o coração cortado de minha mãe com o quadro geral do apartheid, um sistema político que forçava famílias negras a entrarem nesse tipo de situação. Quando Madiba se tornou presidente da África do Sul, as leis mudaram. Sim — tudo mudou no papel —, mas os indivíduos negros sul-africanos tinham sido privados de oportunidades educacionais, sociais, políticas e econômicas por várias gerações; Madiba sabia que seria preciso várias gerações para superar o legado da opressão. Sua própria família era um ótimo exemplo disso.

O pai de Madiba morreu quando ele era jovem, e então ele foi privado da oportunidade de ser um pai para seus próprios filhos. Depois meu pai, que nunca conheceu seu avô, cresceu sem seu pai, fazendo com que esse relacionamento fosse adiado por outra geração. Não era uma questão de falta de amor, inteligência ou capacidade. Esses homens estavam totalmente dispostos a ficar e trabalhar duro por suas famílias, mas a oportunidade de ter um pai e ser um pai lhes foi tirada. O mesmo aconteceu com a próxima geração e a que se seguiu a essa: eu e meu filho. Essa criança — meu Lewanika —, eu cortaria meu coração por ele em um segundo. Cem por cento de certeza. Mas sei por experiência própria que isso não é suficiente. Meu amor por ele não é suficiente; ele precisa de mim. Da minha voz. Dos meus braços fortes. Da minha risada. Do meu exemplo. Precisa me ver totalmente presente em minha própria vida e me sentir totalmente presente na vida dele. É aí que ele começa a entender seu valor: na família, depois na comunidade, e depois na nação e no mundo. E isso é um desafio, porque ele e sua irmã vivem com a mãe deles, minha ex-namorada. Eu tenho de escolher consciente e intencionalmente passar tempo com meus filhos. Tenho de tornar isso uma prioridade, e lidar com a logística, por isso entendo como pode ser difícil, mas levo essa responsabilidade a sério.

Essa geração de homens africanos — minha geração — tem o poder de mudar o rumo desse rio implacável. Nós, como pais, poderíamos literalmente recriar a cultura deste continente, se assim o escolhêssemos. Não digo isso minimizando a importância das mães. De forma alguma. Só estou convocando meus irmãos, falando a partir do que sei, a realmente pensar no que significa ter bons pais, ser bons pais e criar bons pais — criar uma cultura que valorize a paternidade e um sistema socioeconômico que sirva às famílias, recusando-se coletivamente a colocar indivíduos em posições de impotência.

Reconheço que tive uma vida extraordinariamente privilegiada. Entendo que meu avô acreditava que eu, meus irmãos e primos, e todas as crianças africanas, se beneficiariam com o exemplo de autorrespeito de adultos africanos e uma opinião internacional elevada da África como uma pátria. Acredito na mesma coisa, mas acho que há um modo de atingir esses objetivos mais amplos sem deixar famílias para trás. Gostaria que meu avô tivesse encontrado um modo de ajudar meus pais a seguir em frente juntos.

Talvez você já tenha ouvido a expressão: "É preciso uma aldeia para criar uma criança." Os xhosa têm sua própria versão: *Akukho mntwana ungowendlu enye.* "Nenhuma criança pertence a uma só casa." Poderíamos pensar que a extensão lógica disso é: "Todas as crianças pertencem a todas as casas." Ou seja, todos nós somos responsáveis por cuidar e alimentar todas as crianças neste mundo.

Senti falta de minha mãe e meu pai, mas a parte boa da minha infância veio depois que fui morar com o Velho. Mama Xoli cuidou de mim como uma mãe. Tia Maki havia voltado dos Estados Unidos, por isso passei férias com a família dela: Kweku e eu ficamos muito animados e nos divertimos como fazíamos quando éramos pequenos. A vida com meu avô se tornara uma rotina diária de disciplina. Esperavam que eu me comportasse, me saísse bem na escola e mantivesse meu quarto limpo. Madiba era um homem de extraordinária determinação que havia passado quase três décadas levando uma vida rigidamente estruturada. A autodisciplina era como uma religião na casa dele, e isso era algo muito novo para mim. Vovó Evelyn era linha dura, mas também calorosa, generosa e afetuosa. Não me lembro muito de abraços ou palavras sentimentais de meu avô durante aqueles primeiros anos. Acho que ele estava tão perplexo comigo quanto eu com ele.

Ainda assim, era difícil reclamar. Pela primeira vez na vida, eu tinha meu próprio quarto e muitas outras coisas que meus amigos invejavam. Ia para a escola em um carro particular, em vez de um táxi — os táxis sul-africanos não são como os táxis amarelos. Na África do Sul, um táxi é como um micro-ônibus, com 15 ou 16 pessoas espremidas dentro dele. O carro particular era conduzido por um sujeito que eu chamava de Bhut, uma palavra que basicamente significa "irmão", porém mais velho. Isso era uma mudança muito boa, e, às vezes, meus amigos tinham permissão para ir à nossa casa de carro comigo depois da escola para jogar jogos, assistir a vídeos ou nadar na piscina.

Minha prima Rochelle ficou conosco naqueles primeiros dias, mas ela estava na casa dos 20 anos e tinha uma vida própria. Nunca perguntei por que Mama Winnie não estava lá. Tinha ouvido conversas de adultos o suficiente para saber que ela e o Velho levavam vidas separadas. Eles ainda não haviam se divorciado, mas os deveres de primeira-dama eram cumpridos por tia Zenani e tia Zindzi, que iam para o escritório de Madiba quando necessário e o acompanhavam em vários eventos sociais e de Estado. Todos que trabalhavam na casa de meu avô o amavam e se sentiam privilegiados por estar ali — e ninguém hesitava em me lembrar do privilégio que isso era para mim também.

As mulheres que preparavam as refeições de Madiba se orgulhavam muito em servi-lo da melhor maneira possível. Ele era muito preciso sobre o tipo de alimentos que queria comer, e a

A TRILHA PERCORRIDA

equipe da cozinha ficava mais do que feliz em satisfazê-lo. Meu avô adorava dobradinha, drumetes e algo chamado *amasi* em isizulu ou *maas* em africânder. Mama Xoli o preparava pondo um jarro de leite cru de vaca no peitoril da janela e o deixava fermentar até se separar em uma camada de *umlaza* aguado em cima do *amasi* branco e grosso, que era uma espécie de queijo cottage ou iogurte natural. O *amasi* podia ser comido direto do jarro ou despejado sobre uma refeição de milho. Meu avô gostava dele muito amargo. Quanto mais amargo, melhor. Às vezes, ele o provava, pensava por um momento e depois balançava a cabeça, e as mulheres o punham de volta no peitoril para deixá-lo coalhar ainda mais.

Eu tomava café da manhã e almoçava na cozinha com Mama Gloria e Mama Xoli, mas, na maioria das noites, Madiba e eu nos sentávamos juntos, apenas nós dois, pontualmente às 7 da noite, à longa mesa na sala de jantar formal. Ele sempre se sentava à cabeceira, certamente, e eu me sentava do lado, na cadeira mais perto dele. Durante aquele primeiro ano, as conversas ao jantar foram escassas e sempre em inglês.

Ele dizia:

— Boa noite, Ndaba. Como foi a escola hoje?

Eu dizia:

— Foi bem.

Ele dizia:

— Bom. Bom.

Meu avô tocava um pequeno sino quando estava pronto para que a comida fosse servida. Não de um modo imperioso, apenas para as pessoas saberem que estávamos prontos. Nos primeiros dias, ele me viu olhando para aquele sino de prata brilhante, então certa noite, piscou para mim e disse:

58

— Quer experimentar? — Assenti. Ele deslizou o sino ao longo da mesa para mim e eu lhe dei uma sólida badalada. O chef veio com nosso jantar, e por alguma razão gostei muito daquilo, como se fosse o responsável pelo banquete ou algo no gênero. Madiba riu, me deu um tapinha no ombro e agradeceu a todos pelo jantar, que comemos em silêncio. Não foi um silêncio desconfortável. Estávamos juntos, e isso era bom. Meu avô estava feliz por ter um membro da família sentado ali com ele. Eu estava feliz por ter o suficiente para comer. Todos estavam tranquilos.

Às vezes, alguém levava um telefone para a mesa. Invariavelmente era alguém importante ligando de algum lugar onde ainda era o horário comercial. Madiba pousava o garfo, limpava a boca com o guardanapo e pegava o telefone.

— Alô! Como está passando hoje?

Ele sempre cumprimentava com o mesmo grande sorriso quem ligava. Não importava quem era ou o fato de que não poderia ver o sorriso. Ele podia ser ouvido. Podia ser sentido. Não tenho nenhuma dúvida. Na época — com 11 anos, minha mente focada em futebol, videogames e MTV —, eu não prestava atenção e, se tivesse prestado, teria entendido muito pouco. Mas anos depois, quando estudava a história desse período, pensei no quanto aqueles telefonemas realmente poderiam ter sido controversos. Algumas das pessoas que ligavam estavam zangadas, amarguradas e com medo, por isso agora me impressiona pensar em meu avô cumprimentando todas elas com respeito e calor humano.

Em abril de 1994, Madiba votou pela primeira vez em sua vida. Em 10 de maio, tornou-se o primeiro presidente negro da África do Sul.

— Que haja justiça para todos — disse ele em seu discurso inaugural. — Que haja paz para todos. Que haja trabalho, pão, água e sal para todos.

O povo negro sul-africano finalmente estava livre, e meu avô estava sendo chamado de "Pai da Nação". Mas como Coretta Scott King nos lembra: "A liberdade nunca é verdadeiramente obtida; você a conquista e ganha em todas as gerações." O legado amargo do apartheid criou raízes profundas nesse caminho: racismo institucionalizado, bolsões de violência e pobreza nos centros urbanos, uma alarmante epidemia de aids e forte pressão política de ambos os lados. Os olhos do mundo estavam em nós, e havia enormes expectativas — positivas e negativas. Havia uma pressão inimaginável sobre Madiba — muito além de tudo que eu entendia na época, mas ele mantinha sua calma, até mesmo na privacidade do lar, não importava o quanto estivesse exausto.

Quando era severo comigo, me repreendia apropriadamente. Você sentia aquele rugido como um trovão. Isso era muito pior do que tê-lo furioso comigo; ele ficava desapontado. Eu estava relaxando na sala diante da TV e ouvia sua voz profunda e retumbante do andar de cima.

— Ndaba. Venha limpar seu quarto.

Essa era a deixa para me levantar e me recompor enquanto ele ficava em pé à porta, passando-me um implacável sermão sobre responsabilidade pessoal. Ele me fazia manter meu quarto arrumado, como mantinha o seu — fazia sua própria cama, tudo —, apesar do fato de que as pessoas da casa ficariam felizes em fazer isso. Ele era rigoroso e isso causou alguns atritos entre nós ao longo dos anos.

Há um incidente em particular de que devo me lembrar para um dia contar aos meus filhos: perdi meu suéter escolar e precisava de dinheiro para comprar um novo. Eu tinha liberdade para pedir ao meu avô o que quisesse — videogames, livros, um walkman Sony —, e isso era bom. Ele podia dizer sim ou: "Não, acho que você tem jogos suficientes por enquanto." Mas não havia nenhum problema em pedir. Aquela situação era diferente; eu estava lhe pedindo para substituir uma coisa porque não havia cuidado adequadamente dela. Então primeiro procurei minha prima Rochelle.

— Rochelle, por favor, pode me dar 40 rands?

Ela revirou os olhos.

— Shhh! Não. Se você precisar de algo, peça ao vovô.

— Não posso.

— Por que não?

— Porque... esquece.

Eu fui para a cozinha.

— Ei, Mama Xoli? Pode me levar para comprar um novo suéter escolar?

— Por quê?

— Porque...

— O antigo ficou pequeno? — Ela me olhou de alto a baixo. — Não parece que você tenha crescido tanto desde ontem.

Pensei em várias desculpas. O suéter havia rasgado quando subi em uma cerca. Tinha sido roubado durante o treino de futebol. Um cão o comera. Mas sabia que ela saberia a verdade em um segundo.

— Eu o perdi — respondi.

— Hum. Bem, é melhor você contar para ele.

Eu fui para o corredor e parei à porta do escritório de Madiba, onde ele estava sentado em uma cadeira, lendo.

— Vovô?

— Ndaba. — Ele sorriu e me fez um sinal para entrar. — Como você está? Como foi a escola?

— Foi bem. Mas... Vovô, eu perdi meu suéter escolar. Preciso de outro.

— Ah, Ndaba.

— Sinto muito, vovô.

Depois do sermão grave sobre responsabilidade pessoal, lembrando-me de quantas pessoas no mundo não tinham nada e ninguém para perguntar se elas precisavam das coisas mais básicas, ele disse:

— Diga a Rochelle para ir comprar um com você amanhã. E espero que cuide melhor desse.

Com a cabeça baixa de vergonha, eu disse:

— Vou cuidar. Sinto muito, vovô.

— Está bem. Agora vá para a cama.

Eu fui para o meu quarto, achando que a conversa tinha corrido tão bem quanto poderia correr. "Se não há dano, não há problema", como dizem. Mas algumas semanas depois, perdi meu suéter de novo. Eu tremi quando tive de contar para ele. Tentei elaborar qualquer possível plano B. Fugir. Ir para uma escola diferente. Encontrar algum modo de pôr a culpa daquilo em outra pessoa. Tentar parecer tão patético quanto possível e despertar compaixão.

— Vovô?

— Ndaba... — Quando ele olhou para cima, suponho que notou que eu estava praticamente encolhendo de dentro para fora. — O que foi?

— Sinto muito — respondi tristemente. — Perdi meu suéter de novo.

Não houve nenhuma compaixão. Ele se aprumou, furioso. O sermão sobre responsabilidade pessoal chegou a outro nível, e, quando terminou, meu avô não propôs que Rochelle me levasse para comprar outro.

— Evidentemente — disse ele —, você não levou a sério quando eu lhe disse para cuidar melhor desse. É assim que você preza seu lar e tudo que tem aqui: suas roupas, seus jogos, seu quarto, que preciso lhe dizer todos os dias: "Limpe seu quarto,

Ndaba. Junte suas roupas." Bem, sabe de uma coisa? Esta noite você vai dormir lá fora.

Fiquei lá, em pé, chocado.

— Saia! — rugiu ele. — Esta noite você não é bem-vindo nesta casa.

O que eu podia fazer? Esgueirei-me para o corredor e saí pela porta. As sombras já haviam se instalado. Estava anoitecendo. Logo ficaria escuro. O pátio era cercado por um muro alto. Achei que se bandidos tentassem escalá-lo, os seguranças da casa iriam impedi-los. Teoricamente. Encontrei um ponto razoavelmente confortável debaixo de uma árvore guarri azul, mas me perguntei se haveria cobras nas árvores *sneezewood* e glicínias ao redor da piscina. Escureceu. O calor do dia se dissipou. Fiquei sentado lá tremendo, abraçando fortemente meus joelhos. Quase morri de susto quando ouvi Mama Xoli chamar meu nome da porta da cozinha.

— Ndaba?

Surpreso e aliviado, corri ao encontro dela, que vinha à luz do pátio. Presumi que me faria entrar para jantar. Mas não foi isso o que aconteceu.

Ela me entregou um cobertor e disse:

— Madiba me pediu para lhe dar isto.

Tentei dizer "obrigado", mas havia um nó em minha garganta. Ele tinha falado sério. Ia me deixar ali fora a noite toda no frio, sem comida e com cobras venenosas e possíveis bandidos e assassinos que poderiam escalar o muro. Mama Xoli voltou para dentro e eu engoli em seco. Meus olhos ardiam, mas me permitir chorar não teria me feito nenhum bem. Eu nunca fui do tipo que chora, nem mesmo naquela idade. Talvez por algo físico, como quando meus amigos e eu nos deparamos com o Hippo que lançava gás lacrimogêneo, mas isso era mil vezes pior do que aquilo, porque eu estava sozinho, havia deixado meu

A trilha percorrida

avô muito zangado e mais cedo ou mais tarde teria de encará--lo. Que fosse. O que quer que acontecesse, eu não iria chorar. Porque um homem xhosa resiste. É isso que dizemos quando nos cumprimentamos.

— Olá — diz um homem. — Como você está?

— *Ndi nya mezela* — diz o outro. *Eu estou resistindo.*

Encontrei um bom lugar para me sentar e pus o cobertor ao redor dos meus ombros. Pássaros estavam pousados nas árvores, piando baixinho sempre que uma brisa se movia entre os galhos. Algum tempo depois, vi Mama Gloria do lado de dentro da janela da cozinha lavando louça e pendurando panelas e frigideiras. O jantar havia terminado. Eu estava com o estômago vazio e faminto. Teria ficado feliz com uma tigela do velho arroz com ketchup. Besouros zumbiam nas sebes. Um cão latia em algum lugar distante, implorando para que o deixassem entrar. Comecei a cochilar, mas acordei sobressaltado ao ouvir passos pesados vindo em minha direção. Levantei-me rapidamente e vi o Velho atravessando o gramado.

— Ndaba?

— Sim, vovô?

— Se você perder seu suéter de novo — disse ele —, realmente dormirá do lado de fora. Está me entendendo?

— Sim, vovô.

— Vamos entrar.

Ele voltou na direção da casa e fui para o seu lado, tentando acompanhar seus longos passos.

— Meu pai adorava e respeitava seus filhos, mas ele não poupava a surra de vara. Mantinha a disciplina. — Ele abriu a porta da cozinha. — Entre, jante e vá para a cama.

Nunca me senti tão feliz por estar àquela mesa de cozinha. E nunca mais perdi outro suéter escolar. Desde que Lewanika e

Neema nasceram, ouço-me dizendo muitas das coisas que meu avô me dizia quando eu era garoto. De fato, pouco tempo atrás, a mãe de Lewanika me chamou e disse:

— Não sei como ele conseguiu, mas seu filho já perdeu o suéter escolar.

Eu ri. Ele estava começando seu primeiro ano em uma grande escola para garotos, então aquilo não tinha demorado muito tempo para acontecer.

— O que é tão engraçado? — perguntou ela.

— Nada. Diga-lhe que se isso acontecer de novo, ele dormirá lá fora.

4

Kuhlangene isanga nenkohla.
"O maravilhoso e o impossível às vezes colidem."

A história xhosa da Árvore que não Podia Ser Agarrada se assemelha à história europeia de Cinderela. A semelhança entre os dois contos de culturas totalmente diferentes me faz pensar: uma foi inspirada na outra ou há uma base comum que torna essa fábula tão envolvente para todos nós? Todos nós partilhamos um senso inato de justiça e injustiça que faz essas histórias ressoarem como um diapasão?

Na história xhosa, a mãe da bela Bathandwa morre, restando-lhe viver como uma serviçal à mercê da Segunda Esposa/Madrasta e de duas maldosas meias-irmãs. Uma árvore que contém o espírito da mãe cresce à beira de um rio. Um pássaro mágico voa para fora dela e diz para o rei: "Você deveria fazer uma competição. Quem

A TRILHA PERCORRIDA

conseguir pôr os braços ao redor dessa incrível árvore deveria receber uma grande fortuna, e se quem vencer for uma jovem, ela deveria se casar com seu filho." O rei gosta da ideia, então a competição é realizada e todos no reino aparecem, inclusive a desagradável Segunda Esposa e as cruéis meias-irmãs. Aparentemente, elas não são muito inteligentes, porque não reconhecem Bathandwa. (Vamos combinar que ela se disfarçou ou algo do gênero, porque são detalhes como esses que fazem a diferença entre um conto de fadas e algo que simplesmente não faz sentido, motivo pelo qual a versão africana de qualquer história sai por longas tangentes para explicar detalhes aleatórios.) Então, um após o outro, os competidores põem seus braços ao redor da árvore — os homens mais fortes, as mulheres mais ágeis —, mas a árvore se esquiva deles, recusando-se a ser agarrada por qualquer um que não seja Bathandwa, a amada filha do espírito da árvore que foi posta de lado e explorada.

Gosto do desenrolar dessa velha fábula africana. Minha filha, Neema, é forte e criativa, por isso eu preferiria contar-lhe sobre uma heroína que conduz uma boiada em vez de uma história sobre uma princesa que anda em uma abóbora dourada. Suponho que você poderia dizer que a "fada madrinha" na história xhosa é o espírito da mãe da garota que se manifesta na árvore — uma crescente torre viva de força —, que é certamente uma descrição adequada para minha mãe e minhas avós. Enquanto Cinderela tem um final "felizes para sempre", a história xhosa se desenrola em uma rede fantástica de assassinatos, magia e (dependendo de quem a conta) alguns temas adultos. Mas em ambas as histórias, a justiça prevalece no final. As cruéis madrasta e meias-irmãs têm um fim terrível. Talvez isso revele outra diferença entre as duas culturas: as crianças africanas não eram poupadas de sangue. Nós não éramos protegidos dos fatos da vida e da morte. O lugar e o tempo em que crescemos tornavam isso impossível.

NDABA MANDELA

Quando meus amigos me viram deixar os barracos de Soweto em uma BMW preta, suponho que pensaram que eu estava vivendo uma história de Cinderela. Minha situação melhorou muito, sem dúvida, e, na imaginação deles, eu estava tendo uma vida fácil. Acho que talvez tenha sido assim que o resto do mundo viu o fim do apartheid. Em toda a Europa e nas Américas, o apartheid era fortemente condenado. Artistas e músicos elevaram a consciência mundial, e o mundo inteiro comemorou quando Madiba se tornou presidente da África do Sul. Acho que muitas pessoas viram isso como o final feliz, mas até hoje nós lidamos com questões econômicas difíceis, como a reforma agrária.

Um exemplo disso é o filme estadunidense *Invictus*, que conta a história da Copa do Mundo de rugby de 1995, vencida pela África do Sul quando eu tinha 12 anos. A versão para o cinema é assim: a maioria dos indivíduos negros achava que o governo deveria acabar com todas as instituições que funcionavam como aparatos da era do apartheid, mas Madiba foi sábio o suficiente para ver que seria mais eficaz ceder em algumas coisas como um gesto de reconciliação com a minoria branca. Uma delas era o hino "Die Stem van Suid-Afrika" ("A Voz da África do Sul"), uma marcha fleumática que glorificava a colonização da África do Sul. Outra era o Springboks, o time nacional sul-africano de rugby, que só teve um jogador não branco em seus cem anos de história. No filme, o Springboks vence a Copa do Mundo, os indivíduos negros apenas têm de superar isso e os brancos, no final das contas, são muito legais. Durante o clímax do jogo, os guarda-costas negros e brancos de Mandela se tornam amigos, uma senhora branca e sua governanta negra se abraçam nas arquibancadas, e motoristas de táxi brancos e amistosos põem um encantado garoto negro em seus ombros comemorando essa recém-descoberta harmonia entre raças. E todos viveram felizes para sempre, como você sabe que termina um conto de fadas. Não foi tão simples na vida real.

Inzondo é a palavra xhosa para ódio, mas a palavra *ngcikivo* tem uma conotação adicional. É mais como *desprezo* — aquela recusa profundamente arraigada em aceitar a humanidade de outra pessoa, uma persistente cegueira ao sofrimento dela, uma reconfortante crença de que ela realmente não importa. Racismo nesse nível — seja legal, institucional, cultural ou pessoal — não muda durante uma partida de rugby. Ou em uma temporada do esporte. Ou em uma geração. Não sei ao certo se algum dia desaparecerá totalmente. Talvez o máximo que possamos esperar seja torná-lo socialmente inaceitável e economicamente imprudente, para que as pessoas guardem seus comentários e atos racistas para si mesmas. Mas uma coisa eu sei, tão bem quanto meu sobrenome: *nós temos de tentar*. Temos de chamar atenção para o racismo quando o virmos — mesmo quando o virmos em nós mesmos.

A reação de Madiba ao desprezo era compaixão. Compaixão incessante. Compaixão que esmagava o ódio como um Hippo. Ele disse mais de uma vez: "A não violência é uma estratégia." Referia-se à "estratégia de Gandhi" de não cooperação e resistência pacífica, mas constante. Ele não era um santo que amava todos e não mataria uma formiga. Era um líder criterioso que entendia o poder de fazer a coisa certa até vencer a coisa errada. Vencer o racismo com amor e respeito mútuo é um processo constante na África do Sul, como o é nos Estados Unidos, na Europa e em todos os lugares do mundo. E nós, como uma comunidade mundial, temos um longo caminho a percorrer.

De vez em quando, ouço falar de algum incidente abominável sobre racismo — algo que um branco faz com um negro aqui na África do Sul ou um afro-estadunidense sendo brutalizado pela polícia nos Estados Unidos — e isso parte meu coração. Pessoas ficam indignadas, como deveriam ficar, mas pense em como era há dez anos quando não havia redes sociais e incidentes como esses eram ignorados, nem mesmo reportados como dignos de notícia. É terrível que essas coisas ainda aconteçam, mas pelo menos ouvimos falar delas agora. Eu vejo muito nitidamente alguns paralelos entre o movimento de libertação que ocorreu na África do Sul e o que está ocorrendo agora nos Estados Unidos com o movimento Vidas Negras Importam (Black Lives Matter, no original) e jogadores "se ajoelhando" no momento do hino ou antes do início do jogo, em um protesto pacífico, mas muito público. Está havendo um despertar — sobre o racismo, o sexismo, a xenofobia. O consenso mudou de "é assim que a vida é" para "isso não é aceitável". É um ponto de partida. Dr. Martin Luther King Jr. e Barak Obama gostavam de citar Theodore Parker, um reverendo transcendentalista que lutou pela libertação dos escravizados nos Estados Unidos do século XIX: "O arco do universo moral é longo, mas se inclina na direção da justiça." Eu acredito que isso é verdade, mas não sou tão paciente quanto o Velho. Às vezes, acho que todos nós poderíamos nos inclinar um pouco mais.

Quando eu estava na terceira série, um dos oito garotos negros em minha sala, meu bom amigo Selema, iniciou uma gangue que nós chamamos de *Bendoda* (Os Cavalheiros). Tínhamos canetas e emblemas combinando em nossas lapelas. Selema era como um pequeno Napoleão. Muito baixo, porém durão. Michael Jackson era tudo naquela época, e nós nos imaginávamos muito parecidos com os caras ágeis no vídeo "Bad". Durante as férias e depois da escola, lutávamos com os garotos brancos, que tinham seu próprio grupo, e, na maioria das vezes, vencíamos. Nós os perseguíamos até que subissem em árvores, e tudo que eles podiam fazer era cuspir em nós lá de cima, porque tinham medo de descer. Aquilo era uma loucura. Frequentemente acabávamos no gabinete do diretor, mas nossos pais apareciam e sempre nos defendiam.

A mãe de Selema era Barbara Masekela. Antes de ela se tornar chefe do Departamento de Artes e Cultura do CNA, ensinou literatura inglesa na Rutgers. (Também era a irmã mais nova do famoso músico de jazz Hugh Masekela e, mais tarde, depois que meu avô se tornou presidente, foi chefe da equipe dele.) Então, Os Cavalheiros ficavam no gabinete do diretor com os pais brancos despejando queixas, e Mama Barbara vinha e isso era tudo. Ela os calava com alguma dura verdade sobre como as coisas eram para aqueles oito garotinhos negros que só estavam tentando se proteger.

Lembro-me de um ensaio que escrevi na escola naquele ano. Dizia algo como: "Eu quero ter um carro bonito e uma bela casa, mas não quero ser rico. Os brancos são ricos." Era o que eu achava naquela idade. Eu queria o que os brancos tinham, mas não queria ser como eles, e rugby era coisa de brancos. Meus amigos e eu jogávamos futebol desde que éramos pequenos, mas nunca prestamos nenhuma atenção ao rugby. Crescemos ouvindo várias versões do dito popular: "Rugby é um jogo de brutamontes jogado por cavalheiros. Futebol é um jogo de cavalheiros jogado por brutamontes." Nós éramos descritos como brutamontes naquele cenário, e queríamos ser rebeldes. Em nossos primeiros anos, ouvimos histórias sobre nossos pais e seus companheiros no movimento de libertação do CNA e, para nós, isso era a epítome de ser legal: ser um rebelde, ir contra o sistema. Em nossas mentes, como crianças criadas nos tempos difíceis do apartheid, tudo se resumia a negros contra brancos. Madiba via a luta como justiça contra injustiça, certo contra errado, generosidade contra ganância, união contra divisão. Essas eram as discussões mais sutis que precisavam ocorrer. Não havia respostas simples, mas a desconexão entre as pessoas não era tão óbvia.

A Copa do Mundo de 1995 foi a primeira vez em que assisti a um jogo de rugby. Suspeito que foi a primeira vez para muitas pessoas negras. Eu não estava lá; assisti na TV com alguns primos e amigos. Para mim, o que tornou essa ocasião especial foi meu pai ter vindo assistir conosco. Eu não sabia disso na época, mas ele havia entrado e saído da reabilitação. Estava se esforçando muito nos estudos e na vida. Tudo que eu sabia era que tê-lo ali tornava o jogo de rugby muito mais importante do que normalmente seria. Ele achava muito animador ter a África do Sul representada assim.

— Ei, um ano de independência e chegamos às finais da Copa do Mundo! — Esse tipo de coisa.

E era divertido ver Madiba na televisão. Sorrindo com uma camisa do Springboks. Ele era o motivo pelo qual a maioria da população negra estava assistindo, e acredito que foi isso que tornou o evento importante. Quando ele assumiu o posto de um líder que se importava com todas as pessoas em seu país, inclusive com a minoria branca, sua intenção foi explicitamente de nos tornar um país. Essa era uma missão hercúlea que muitas pessoas consideravam impossível até que Madiba entrou em campo e nos lembrou: *Kuhlangene isanga nenkohla*. O maravilhoso e o impossível às vezes colidem.

Por motivos tanto humanitários quanto estratégicos, as crianças eram uma prioridade para Madiba. Apenas algumas semanas depois de ele tomar posse, criou o Presidential Trust Fund, que lançou as bases para o Nelson Mandela Children's Fund, para o qual doava 150 mil rands (cerca de US$ 12 mil) todos os anos. Isso era um terço de seu salário como presidente. Quando ele anunciou isso, disse aos membros do Parlamento: "A emanci-

A TRILHA PERCORRIDA

pação das pessoas da pobreza e privação está mais centralmente ligada ao fornecimento de uma educação de qualidade."

A ausência de oportunidades da maioria negra durante gerações deixou uma das cicatrizes mais profundas do apartheid, e, mesmo com o seu fim, não foi possível reverter esse dano. As lembranças deixaram marcas em nós desde a primeira infância. Por toda parte ao nosso redor havia conflito civil, insegurança doméstica, extrema pobreza e um sentimento de desesperança que esmagava nossos pais. No quadro geral, o Velho viu a educação como parte da luta constante pela libertação da população negra, o único caminho para a igualdade econômica e social. No quadro menor, ele me viu.

Desde o início, meu avô me fez saber que esperava que eu fosse um aluno que tirasse notas A, o que me deixou confuso, porque sempre havia tirado Cs e Ds. Talvez um B de vez em quando. Ele não me perguntava sobre meu dever de casa diariamente; importava-se com os resultados. Eu temia lhe mostrar meus testes e boletins.

— Você é mais inteligente do que isso, Ndaba — dizia ele. — Tem de se sair melhor. Você é um Mandela. As pessoas esperam que seja um líder. Você deveria estar tirando as melhores notas da classe.

— Sim, vovô.

Como qualquer criança, eu dizia isso, mas por dentro era: *Shh! Não me interessa!* Eu não queria ser um líder. Orgulhava-me de meu estilo bad boy. Estava ficando bastante alto e me considerava muito tranquilo em situações sociais. Tinha zero interesse em estudar. Ficava feliz em relaxar nos bancos de trás, copiando o dever de casa de outras pessoas e divagando. Era inteligente o suficiente para, na maioria das vezes, obter a nota necessária para passar nos testes, e isso bastava para mim. Não bastava para

Madiba. Incomodava-o terrivelmente ver alguém desperdiçar seu próprio potencial, e era, sobretudo, frustrante para ele não conseguir que eu me interessasse pela escola. Meu avô era um homem extremamente ocupado com padrões extremamente elevados, e com certeza não tinha tempo para ficar de olho em um garoto teimoso de 12 anos, mas minha educação era muito importante para ele.

Uma noite, durante o jantar, ele me informou que eu iria para a The Ridge School, uma escola preparatória particular para garotos. Um internato. Aquilo foi como um soco no estômago. Eu havia me instalado em meu novo lar e estava bastante feliz ali, mas o Velho viajava muito, por isso eu era deixado aos cuidados de Rochelle, Mama Xoli e dos seguranças da casa. Olhando para trás, entendo por que ele achava que eu ficaria melhor no internato Ridge. Talvez pensasse que eu me sentia sozinho quando ele não estava, e às vezes eu me sentia, mas preferia ficar sozinho em meu próprio quarto a estar sozinho no meio de uma multidão de garotos que eu não conhecia.

— Não fica longe — disse o Velho. — Você virá para casa todos os fins de semana.

Eu assenti. Meu estômago parecia vazio e estranho.

— Você será responsável por seu uniforme escolar — disse ele. — Deve mantê-lo limpo e passado. Deve se dedicar aos estudos, Ndaba. Você é um garoto muito inteligente, capaz de tirar notas altas, e notas altas são o que eu espero.

— Sim, vovô.

Ele segurou minha mão com firmeza.

— Não fique triste. Você vai se divertir. Jogará tênis e rugby.

Rugby. Estremeci por dentro. *Ótimo.*

Na manhã da segunda-feira seguinte, em vez de ir para a escola Sacred Heart, o motorista me levou para o internato Ridge. En-

A TRILHA PERCORRIDA

quanto enfrentávamos o trânsito da cidade, pensei em meus amigos chegando à escola e se perguntando onde eu estava. O motorista virou e passou por um largo portão de ferro em um longo muro de pedra bruta. Eu cumpri todos os trâmites de orientação e registro. Recebi meu uniforme: uma camisa azul-clara com uma gravata azul-real, shorts cinza, colete cinza, blazer cinza. Na dura lapela do áspero blazer havia o emblema da escola, que representava o fino contorno de um escudo com um R e um S dentro. O R e o S estavam entrelaçados como se tentando estrangular um ao outro. Em meu dormitório, vesti meu uniforme e depois fui para a sala de aula, onde me sentei contando os minutos para voltar para casa.

A Ridge School foi fundada em 1919. Suas belas terras se estendiam por mais de 19 acres em Westcliff Ridge, com vista para os luxuosos subúrbios do norte de Joanesburgo. Os grandiosos prédios antigos de estuque e pedra são um ótimo exemplo da arquitetura holandesa do Cabo. Havia uma piscina e quadras de tênis, e entre terraços com muros de pedra, um grande gramado onde garotos jogavam rugby e críquete. Eu me sentei na frente do diretor, que me sorriu por cima de sua enorme escrivaninha e me falou sobre a determinação da escola de formar alunos de alto desempenho que pensavam por si próprios, diziam o que pensavam, se sobressaíam nos esportes e passavam no *matric* com ótimas notas. (O *matric* é um exame que você tem de fazer para entrar em uma universidade.) A Ridge oferecia as séries um a sete, por isso, de acordo com a minha idade, eu estava em algum ponto no meio dos alunos do internato. Em sua longa e gloriosa história, só uns poucos alunos negros haviam frequentado a escola. Isso foi implementado apenas alguns anos antes de eu ser enviado para lá, então eu representava uma minoria em desaparecimento e logo descobri que ficaria ainda mais isolado em virtude de meu sobrenome famoso. Tenho certeza de que a Ridge School era uma ótima escola, mas eu me sentia extremamente solitário e a odiava. Em uma noite de domingo, durante o jantar, disse para Madiba:

— Vovô, eu não quero voltar para lá.

— Ndaba, essa é uma das melhores escolas preparatórias da África do Sul — disse ele. — Dê-lhe um pouco mais de tempo. Você se acostumará a viver lá. Fará amigos.

— Eu tenho amigos na *minha* escola.

— É possível ter amigos demais? — Ele sorriu e abriu suas mãos em um gesto expansivo. — Ndaba, você terá a melhor educação. São só alguns anos. Só até a sétima série.

— Vovô, eu odeio aquilo! — Esforcei-me para lhe explicar em inglês. Em isiXhosa teria soado mais masculino, não como se eu estivesse com medo ou à beira das lágrimas. — Se algo é quebrado, dizem: "Deve ter sido o garoto negro que o quebrou." Se algo está faltando, dizem: "Ah, deve ter sido aquele garoto negro que o roubou."

Madiba ficou sentado em silêncio, assimilando aquilo. Seu rosto se tornou carrancudo.

Meu avô tinha um modo de ouvir que tentei imitar na idade adulta. Ele ouviu sem se mover e atentamente, como se estudasse cada palavra com um microscópio. Não tentou me dizer que eu estava errado ou que minha opinião era de algum modo irrelevante por eu ser uma criança, e não me forçou a voltar para a Ridge School. Ele propôs, como um meio-termo, que eu ficasse em casa e frequentasse o Houghton Primary, uma escola mista com várias crianças negras, e eu realmente tentei isso por algum tempo, mas sentia falta de meus amigos e primos no Sacred Heart. Continuava a defender meu ponto de vista — o Sacred Heart ficava a apenas alguns quarteirões mais longe para o motorista me levar, eu me esforçaria e obteria melhores notas, me esforçaria muito e ganharia a confiança dele —, e finalmente Madiba cedeu.

77

Uma coisa interessante sobre aquele vídeo "Bad": a versão estendida, um curta-metragem dirigido por Martin Scorsese, é realmente a história de um garoto negro que vai para um internato de maioria branca, volta para casa e descobre que tem dificuldade em se conectar com seu velho grupo. Eu voltei para o Sacred Heart e meus amigos ficaram felizes em me ver, mas houve uma mudança sutil nas coisas nos anos seguintes. Mesmo quando eu me reuni novamente com o meu grupo, com a minha panelinha, me sentia muito só.

Tia Makaziwe deu de ombros e resumiu:

— Você é um Mandela.

— Meus amigos não se importam com isso — respondi. Eles eram Os Cavalheiros, caras que me conheciam durante a maior parte da minha vida.

— Você conhecerá muitas pessoas em sua vida — disse tia Maki. — Quando tiver a minha idade, se uma ou duas delas forem seus verdadeiros amigos, você terá muita sorte.

Revirei os olhos.

— Eu não sou um perdedor! Tenho pelo menos uma dúzia de amigos.

— Hum-hum. — Ela apenas sorriu e assentiu. Não precisava que eu soubesse na época que estava certa. Sabia que eu cresceria e descobriria isso por conta própria.

Tendo passado algum tempo longe, eu dava um novo valor ao meu quarto, meu Sega e o frango assado, os croquetes de salmão e o bacalhau com batatas de Mama Xoli. Suspeitava que Mama Xoli estava feliz em me ter de volta, porque um grande artista sempre gosta de ver sua obra apreciada e ela nunca tinha de me encorajar a comer. Ela e Mama Gloria tinham filhos, e às vezes todos nós nos sentávamos juntos à mesa da cozinha — em um jantar muito mais barulhento do que os jantares muitas vezes silenciosos com Madiba. Ele estava viajando muito, lidando com problemas enormes que enfrentava dia após dia.

Além da questão aparentemente pequena de qual canção deveria ser nosso hino nacional, havia sua posição no palco do mundo político. Alguns estadunidenses podem ficar surpresos em saber que o Velho permaneceu na lista de terroristas do governo dos Estados Unidos até 2008. A primeira entrevista que Madiba concedeu à televisão foi em 1961, quando permitiu que Brian Widlake, da ITN, se encontrasse com ele em uma casa onde estava se escondendo da polícia. Wildlake disse:

— Você acha que os africanos são capazes de desenvolver este país sem os europeus serem expulsos?

— Nós deixamos muito explícito em nossa política — disse Madiba — que a África do Sul é um país de muitas raças. Há espaço para todas as raças neste país.

Na época, ele afirmou, com veemência, que o único objetivo do CNA era a democracia: uma pessoa, um voto. Nunca mudou esse ponto de vista e falava constantemente a favor da paz e não violência, mas foi preso um ano depois dessa entrevista e sentenciado à prisão perpétua. Agora estava nessa posição de poder para fazer o que quisesse, e era difícil para as pessoas aceitar que ele ainda defendia a paz entre elas. Eu mesmo tenho dificuldade em relação a isso, simplesmente porque sei que não passaria três décadas na prisão e sairia disposto a perdoar as pessoas que me puseram lá. Aquilo me pareceu sobre-humano na época e, embora minha compreensão da situação tenha evoluído desde então, minha estupefação por Madiba ainda é a mesma.

À época daquela entrevista em 1961, Madiba só tinha cinco anos a mais do que eu tenho agora, e já tinha aquele seu jeito de ouvir que observei tão mais tarde na vida dele. Meu avô era inescrutável como a Esfinge, mas há um momento — apenas

A TRILHA PERCORRIDA

uma fração de segundo — em que detecto um pequeno olhar atravessado. Cheque isso no YouTube. Você verá o que estou dizendo. Widlake faz aquela pergunta sobre europeus serem expulsos para os africanos "poderem se desenvolver" na África, e em uma fração de segundo entre a pergunta e a resposta, é como se ele dissesse: *Sério?* A pergunta veio, muito obviamente, de um lugar de medo; Widlake estava dizendo o que todos os outros já pensavam. Mas os africanos haviam "desenvolvido" o continente durante milhares de anos antes da chegada dos europeus. Os africanos tinham uma cultura rica, laços familiares e sociais fortes, e uma riqueza de recursos naturais antes de os europeus virem, se apropriarem da terra e espalharem doenças. (Isso soa vagamente familiar, Estados Unidos?)

Portanto, a sugestão de os europeus serem "expulsos" e os africanos "poderem se desenvolver" ia além da ironia. Madiba poderia ter se enfurecido com aquilo, mas, como já mencionei, ele era capaz de repreender uma pessoa adequadamente. Podia impedi-la de continuar. Seu extraordinário superpoder era o de escolher não fazer isso. Naquele momento e em um milhão de outros momentos em que se viu sentado na frente de alguém que simplesmente não entendia, escolheu seguir em frente, em vez de recuar. Escolheu encontrar coisas em comum em vez de travar novamente uma batalha que seus ancestrais já haviam perdido. Ele falava sobre a possibilidade de paz, em vez de sobre o ciclo de conflito que não levava a lugar algum. Eu me pergunto como o tom global da internet mudaria, se mais pessoas fossem capazes de superar sua necessidade de estarem certas em relação a tudo em todos os momentos. O que aconteceria se o desejo de fazer a coisa certa vencesse o desejo de provar que outra pessoa estava errada?

Madiba adorava repetir A História da Senhora ao Telefone: durante a campanha, antes de ser eleito presidente, ele estava tentando resolver algo e deu um telefonema.

Ele perguntou à senhora mal-humorada que atendeu o telefone:

— Com quem estou falando?

Ela ficou irritada e respondeu:

— Está falando *comigo*.

Ele educadamente perguntou seu nome, mas ela se zangou.

— Quem é você para perguntar meu nome? Qual é o *seu* nome?

— Bem, diga-me o seu nome e eu lhe direi o meu — disse Madiba, e eles continuaram assim. Ela simplesmente não entendeu que ele estava sendo humilde, tentando lhe poupar constrangimento, então ela disse:

— Você parece uma pessoa muito obtusa. Passou no seu *matric*?

Ele disse:

— Tenha cuidado. Se a qualificação para falar com você é possuir um certificado do *matric*, eu poderia me esforçar muito para passar no meu e estar na mesma classe que você.

Isso era impensável para a senhora. Ela disse:

— Você nunca estará na mesma classe que eu. — E desligou o telefone na cara dele.

Madiba sempre terminava a história com um sorriso maroto.

— Como eu gostaria que ela estivesse aqui hoje!

A história sempre produzia uma grande risada, mas eu não acho que esse era o único motivo pelo qual Madiba a contava. Ele nunca salientou que, se essa senhora achasse que estava falando com um homem branco, não o teria tratado assim. De fato, ele nunca disse especificamente que ela era uma mulher branca. Essa não é uma história sobre ela ser branca; é uma história sobre ela ser preconceituosa. É sobre como suposições baseadas em preconceitos nos fazem parecer profundamente tolos. Talvez

A TRILHA PERCORRIDA

tivesse havido alguma pequena satisfação em lhe dizer seu nome e fazê-la se sentir diminuída, mas certamente não tão grande quanto a de contar essa história e ouvir as pessoas rirem diante da pura estupidez do racismo cego.

Ao chegar em casa de uma viagem ao exterior, o Velho sempre ia ao meu quarto, mesmo se tivesse passado um pouco de meu rígido toque de recolher. Eu sempre ficava feliz em ouvir seus passos no corredor. Não corria e atirava meus braços ao redor dele. Essa ideia nunca nem me passou pela cabeça. Nós nos cumprimentávamos com um aperto de mãos, digno e masculino. Na maioria das noites, meu avô estava muito cansado, então eu não tentava prolongar a conversa. Sabia que ele acordaria cedo e, se eu também acordasse cedo, nos exercitaríamos juntos.

Madiba era religioso em relação à sua caminhada matutina e ao resto de sua rotina diária de exercícios, geralmente uma combinação de pular corda, flexões e levantamento de pesos. Ele me apresentou à bola de ginástica e me ensinou seus movimentos favoritos com ela.

— Execute um agachamento com um passo à frente, assim Bom. E agora faça uma flexão. Para cima, para cima! Reto! Isso. Muito bom. Agora para o lado. Mantenha-a assim, Ndaba, no nível do ombro. — Olhando para trás, lembro com carinho daquelas primeiras horas da manhã com meu avô, embora eu tivesse dificuldade em acompanhá-lo. Ele tinha quase 80 anos, mas sempre havia sido exigente em relação a cuidar de si mesmo e permanecer saudável, mesmo quando estava na prisão.

— Em Robben Island — disse ele —, quando houve uma conversa sobre greve de fome, eu disse: "Por que nós, que já estamos lutando por nossas vidas, deveríamos nos punir com privação?" Não, não. Nós tínhamos de comer a carne e os vegetais à nossa disposição. Tínhamos de cuidar de nós mesmos, nos manter fortes o suficiente para resistir. Melhor puni-los com trabalho lento ou nos recusando a trabalhar.

A desolação da vida de Madiba na prisão contrastava totalmente com a beleza de sua vida em Qunu. Enquanto nos exercitávamos, nos erguíamos e girávamos com nossas bolas de ginástica, ele me contou sobre como costumava montar em um touro velho e passear pelos campos perto da cabana de sua mãe.

— Um dia vamos lá, Ndaba. Vou lhe mostrar de onde veio seu Velho — disse-me. — Você gostaria de ir lá, não?

— Sim, vovô. — Eu estava ofegante, pensando em como seria montar em um touro.

— Eu nasci em Mvezo, onde meu pai era chefe, mas foi em Qunu que fui mais feliz quando era garoto. É óbvio que tinha de obedecer ao meu pai, e todos nós agíamos segundo os costumes do nosso povo, mas fora isso eu era livre para fazer o que quisesse. Você nasceu lutando para ser livre, Ndaba, mas crescerá e viverá livre. Eu nasci livre, nadando, correndo, indo para onde queria, fazendo o que queria, e então cresci. Tornei-me um homem, saí pelo mundo e descobri que essa liberdade que eu tinha quando criança era uma ilusão.

Nós conversamos até eu sentir que meus braços iam cair, e então ele deu um tapinha em meu ombro e disse:

— Continue com o exercício! — antes de me mandar tomar um banho de chuveiro e me preparar para a escola. E eu segui com meu dia, sem pensar muito no que ele havia dito, sem perceber como aquelas histórias penetravam lentamente em minha consciência do mundo ao meu redor, o que suponho que seja outro modo de dizer "consciência política". Eu era politicamente consciente desde muito jovem. Sabia o que era apartheid, e sabia que tínhamos de lutar contra isso, mas grande parte da minha compreensão se limitava a "negros *versus* brancos".

Madiba escreveu em *Longo caminho para a liberdade*: "A liberdade é indivisível... O opressor deve ser libertado tanto quanto o inimigo. Um homem que tira a liberdade de outro é um prisioneiro do ódio, está trancado atrás das grades do preconceito... Tanto o oprimido quanto o opressor têm sua humanidade roubada."

Essa é a origem da compaixão de Madiba pelos indivíduos brancos da África do Sul, por mais que isso fosse inconcebível para muitos de seus companheiros na luta pela libertação. Odiá-los teria sido trocar uma prisão por outra. Então meu avô comemorou a vitória dos Springboks com eles e os deixou manter aquela fleumática marcha como hino por algum tempo. Depois, com muita paciência, por meio dos canais, comitês e processos adequados, criou um novo hino que combinava "Die Stem van Suid-Afrika" com um antigo hino, "Nkosi Sikelel'iAfrika" ("Deus abençoe a África").

Albertina Sisulu estava na sala de audiência no fim do Julgamento de Rivonia, em 1963, quando Madiba e seis colegas do CNA, inclusive Walter Sisulu, foram condenados à prisão perpétua. Ela não teve permissão para falar com seu marido, mas correu para fora para ter o que poderia ser seu último vislumbre dele, de Madiba e dos outros, que eram como da família para ela. Quando eles foram levados embora, Albertina e outros membros da Liga de Mulheres do CNA formaram uma guarda de honra na praça da Igreja de Pretória. Quando eu era garoto, não podia ouvir "Nkosi Sikelel'iAfrika" sem ouvir o coração delas se partindo. No seu início, há um tom de luto na melodia, mas depois ela se eleva no refrão, cheia de fé nesse futuro que estava há muito tempo vindo, mas realmente chegou à vida de Albertina. Porque Albertina e outros como ela o fizeram acontecer. Eles não se sentaram esperando que Deus fizesse isso. Sua fé nesse futuro era uma fé inabalável neles mesmos.

As palavras em isiXhosa:

Nkosi sikelel'iAfrika
Maluphakanyisw'uhondo lwayo

Em africânder:

Hou u hand, o Heer, oor Afrika
Lei ons tot by eenheid en begrip

Em inglês:

Lord, bless Africa
May her spirit rise high up[1]

Madiba o cantava com grande gosto em qualquer idioma, e agora entendo por que ele queria que eu me sentisse confortável com todas as três línguas. O elegante isiXhosa, a minha nativa. O africânder, que me permitiu atuar no mesmo patamar que meus conterrâneos brancos. O inglês, que abriu uma porta para o resto de nosso continente e para o mundo além dele.

---

1 Em português: "Deus, abençoe a África / Que seu espírito se eleve ao Alto."

5

Uzawubona uba umoya ubheka ngaphi.
"Ouça a direção do vento."

Como milhões de outros garotos da minha idade, eu era capaz de cantar perfeitamente toda a música-tema de *The Fresh Prince of Bel-Air* [*Um maluco no pedaço*, no Brasil], a série de televisão sobre um garoto negro da quebrada e como sua vida muda radicalmente por pura boa sorte de laços familiares. Ele é levado de carro de uma área periférica na cidade para o bairro abastado de classe alta, onde é um peixe fora d'água, e decide "relaxar e curtir o momento". É impossível ignorar a semelhança com minhas circunstâncias. O notável nessa série, embora eu não pensasse nisso na época, era a justaposição de mentor e pupilo. Os benefícios para o garoto eram óbvios; você não precisa que o DJ Jazzy Jeff o diga. Em vez disso, o foco era em como o garoto melhorou de vida e abriu a mente do tio rico.

A TRILHA PERCORRIDA

Meu avô estava muito consciente do quanto havia perdido na prisão durante 27 anos, e ansiava por se reconectar — ou se conectar pela primeira vez — com as gerações mais jovens de sua família. Quando saiu da prisão, tudo que queria era voltar para sua família e continuar seu trabalho com o CNA. Ele ficou brevemente com seu amigo Desmond Tutu, e depois foi para casa, em Qunu, porque "um homem deveria ter uma casa perto do lugar em que nasceu". Ele mandou construir uma casa quase idêntica àquela em que eu o conheci, a casa do guarda na prisão Victor Verster. Não fui o único a achar isso muito estranho, mas o Velho deu de ombros.

— Eu estava acostumado com aquele lugar — disse ele. — Não queria perambular pela casa à noite procurando a cozinha.

Acho que a intenção dele era viver tranquilamente, escrever livros, conversar bastante e permanecer influente como um cidadão comum. Quando lhe propuseram ser o candidato do CNA a presidente na primeira eleição democrática da África do Sul, ele não foi a favor dessa ideia. Afirmou firmemente que o candidato deveria ser uma pessoa mais jovem, homem ou mulher, que tivesse vivido na cultura, não separado dela, e que conhecesse as novas tecnologias que estavam mudando tudo no mundo.

No período que antecedeu a eleição, houve muita violência entre seguidores do Partido da Liberdade Inkatha, que eram, em sua maioria, zulus, e o CNA, em que a liderança (naquela época) era majoritariamente xhosa, mas cujos filiados eram mais diversos do que em qualquer outro partido. Servia aos objetivos do governo branco ter essas facções se cortando com facões, porque isso fazia parecer que a população negra nunca se uniria de modo civilizado para governar seu próprio país. Muita publicidade foi

88

dada à prática bárbara do "colar de fogo" ou "micro-ondas" — colocar um pneu cheio de gasolina ao redor de uma pessoa e atear fogo nele — e a incidentes ultrajantes de violência nas ruas, durante os quais a polícia branca frequentemente ficava por perto apenas observando.

Madiba implorou por paz, e se tornou cada vez mais óbvio que ele era o único capaz de juntar as pessoas e conduzir o país na direção de algo parecido com união. Sua separação da sociedade durante todos aqueles anos o deixou com aquela "visão de trinta mil pés" a que um líder aspira, uma perspectiva do quadro geral sem a distração de questões cotidianas do passado. Contudo, quando ele tomou posse, percebeu que ainda precisava daquela perspectiva jovem, e acho que fui parte disso, mas o principal componente de *Um maluco no pedaço* na casa em Houghton foi de meu irmão mais velho, Mandla.

A mãe de Mandla era a primeira esposa de meu pai. Eles se divorciaram quando meu irmão era pequeno, e ela o levou para viver em Londres muito antes de nosso pai conhecer minha mãe e se casar com ela.

Eu estava morando com o Velho havia pouco mais de um ano quando meu irmão Mandla chegou, e nunca fiquei tão feliz em ver alguém na minha vida. Como presidente, meu avô viajava muito e trabalhava longas e duras horas, sete dias por semana. Todos na casa eram bons para mim, mas às vezes eu me sentia muito só. Mandla era um elo com meu pai em uma época em que meu pai parecia muito distante. Tendo crescido com sua mãe em Londres, Mandla conhecia o mundo e era confiante. Durante algum tempo, ele frequentou a Waterford Kamhlaba, uma escola preparatória na Suazilândia que a tia Zindzi e a tia Zenani também haviam frequentado no passado. Agora ele estava indo e vindo

A TRILHA PERCORRIDA

da universidade, mostrando um pouco mais de interesse por suas aulas do que eu era capaz de ter pela sétima série.

Eu adorava Mandla. Em minha mente, ele era o mais legal de todos. Era meu ídolo. Eu tinha acabado de fazer 13 anos e Mandla era nove anos mais velho que eu, por isso já havia tido a experiência de "ir para a montanha" e estava aproveitando os seus 20 e poucos anos, frequentando boates, vivendo romances com mulheres e dirigindo um belo carro. Ele era tão alto quanto o Velho, mas mais robusto, mais como Madiba na juventude, antes de a prisão deixá-lo magro e autodisciplinado. Era 1996, o momento *grunge* na música e na moda da Europa e dos Estados Unidos, mas Mandla estava bem à frente daquela tendência. Foi direto do couro sintético com cores vibrantes da década de 1980 para o hip-hop, com o boné de beisebol de lado e a bomber jacket usada por Ice Cube.

Mandla era um aspirante a DJ, por isso tinha uma coleção épica de CDs e um conhecimento enciclopédico de músicas de hip-hop e rap de todo o mundo. Eu estava acostumado a voltar para a casa silenciosa e ir para a cozinha, onde tia Xoli ouvia música gospel — e não me interpretem mal, a música gospel sul-africana é maravilhosa —, mas eu adorava abrir a porta e ouvir a batida do baixo que emanava do quarto de Mandla no corredor, depois do meu. Logo me interessei pelo hip-hop. O que quer que Mandla estivesse ouvindo, eu queria saber tudo a respeito. E na época, tudo era hip-hop, rap e talvez cinco por cento reggae.

Antes disso, meus amigos e eu ouvíamos *kwaito*, um tipo de house music com uma linha de baixo marcante, loops de percussão e vocais africanos tradicionais, com um uso engenhoso da nova tecnologia de edição. Era como nossa versão de hip-hop antes de o hip-hop realmente se tornar popular na África do Sul. O *kwaito* nasceu nos guetos de Joanesburgo no início da década de 1990, e seu nome provém da palavra africânder *kwaai*, que significa "zangado", e de *Amakwaito*, gângsteres da velha escola da década de 1950. Também contém elementos de música africana de sete décadas atrás, desde as gravações antigas da década de 1920 até a música club atual inglesa e estadunidense. Madiba gostava do *kwaito*. Você o via fazer um movimento da dança em particular — pequenos passos para trás e para frente, ombros balançando em um ângulo de noventa graus — que passou a ser conhecido como "passinho de Madiba". De muitos modos, o *kwaito* incorporava aquele desejo que ele havia expressado de abrir espaço para vozes jovens, esperando trazer o espírito e as tradições da cultura africana para o presente. Ele não sabia enviar e-mails, mas sentia que uma revolução tecnológica se aproximava e queria que a África do Sul fizesse parte dela.

Quanto a mim, apenas achava aquilo legal. O reggae, por outro lado, despertava uma consciência totalmente nova da política e da história da resistência em todo o mundo. O álbum de Burning Spear, *Marcus Garvey*, me apresentou ao fundador jamaicano do pan-africanismo. Tappa Zukie cantava sobre Stephen Biko, que liderou e morreu pelo Movimento da Consciência Negra na África do Sul. Comecei a fazer perguntas, e o Velho ficava feliz em falar sobre pessoas e assuntos sobre os quais eu estava aprendendo com Bob Marley e Lee "Scratch" Perry.

— Vovô, eu ouvi uma canção sobre Robert Sobukwe. Tinha Robben Island nela.

— Sim — disse o Velho. — Ele estava lá quando eu estava, mas era mantido na solitária durante a maior parte do tempo.

A TRILHA PERCORRIDA

Era um professor. Um grande pensador. Um orador brilhante. Sabia como dar vida a uma ideia. E ideias, você sabe? — Ele bateu com um dedo na testa. — As ideias eram consideradas muito perigosas. Eu não concordo com tudo que ele dizia, mas gostava muito de conversar com ele. No início, nos deixavam conversar, mas depois decidiram: "Aquelas duas cabeças juntas, Mandela e Sobukwe, podem nos causar problemas." Eles nos puseram em celas em lados opostos do corredor. Quando ele cumpriu sua sentença de três anos, inventaram uma nova regra, a Cláusula Sobukwe, que tornava possível manter um prisioneiro político indefinidamente atrás das grades sem nem mesmo apresentar acusações contra ele. Então ele ficou lá por mais seis anos. Em 1969, o diretor iniciou uma transmissão de notícias diária para os prisioneiros. Naturalmente, todas as notícias eram sobre como as coisas estavam indo bem para o governo e mal para seus opositores. A primeira transmissão começou com o anúncio da morte de Robert Sobukwe. Então agora cantam uma canção sobre ele. Isso é bom.

Quando Mandla veio e elevou o nível com rap e hip-hop, eu me empolguei. O *kwaito* tinha um viés político, mas era, sobretudo, sobre orgulho, alegria e uma liberdade de espírito que não podia ser sufocada pela opressão do apartheid. Essa coisa que Mandla estava ouvindo vinha direto de Compton por meio de Liverpool, repleta de indignação e revolução. Havia essa agressividade, essa energia que fazia você se orgulhar de ser negro e de onde vinha. Naquela época, o hip-hop tinha uma mensagem consciente sobre as condições socioeconômicas e os desafios, sobre as realidades incrivelmente duras enfrentadas pelas pessoas naquele momento. Era poderoso porque despertava consciência política e lhe dava voz. Exigia respeito.

— Você tinha de exigir respeito desde o primeiro dia — disse Madiba sobre seus primeiros anos em Robben Island, e naquele tempo havia uma dinâmica parecida no hip-hop. Era como: "Sim, nós sabemos quem você pensa que é, mas *isto* é quem nós somos." Aquilo aumentou nosso autorrespeito e elevou nossa posição com nossos pares. Não era mais possível ignorar essa voz ou o lugar conturbado de onde ela veio.

O jantar à mesa era muito menos silencioso com Mandla por perto. Como Mandla já tinha experimentado "ir para a montanha", ele e o Velho conversavam de homem para homem. Madiba e eu tínhamos nos tornado mais próximos, mas eles conversavam um com o outro em um nível diferente. Eu tinha crescido o suficiente para perceber isso e sentir uma pontada de inveja. Não estava nem um pouco animado com a ideia de ir para a montanha, mas achava que seria bom participar de igual para igual daquelas conversas sobre política, fatos atuais e até mesmo garotas. Eu me interessava muito por todos esses temas, mas ainda estava pensando no melhor modo de me dedicar a esses interesses e traduzi-los em ação, particularmente com as garotas. Era um pouco imaturo nessa área. História era o tema que me interessava mais, mas não havia começado a juntar os pontos entre história e política mundial atual ou entre política mundial e tendências culturais atuais. Mandla, por outro lado, tinha ideias sólidas sobre política, estava atento às mudanças culturais e se considerava muito sedutor com as mulheres.

Pouco tempo depois de ir morar com Madiba e comigo, Mandla decidiu ir para Hong Kong visitar a mãe, e sugeriu que Madiba permitisse que eu o acompanhasse. Isso era simplesmente a coisa mais fantástica que alguém poderia ter sugerido. Esperando pela resposta do Velho, eu temia respirar. Ele ouviu o discurso de Mandla sobre como aquilo seria educativo e depois assentiu.

— Sim, acho que essa seria uma ótima experiência. É bom que os jovens ampliem seus horizontes — disse ele, e Mandla e eu concordamos de maneira muito entusiasmada, mas acho que a definição de "ótima experiência" era diferente na mente de nós três.

Nós fomos para Hong Kong e Mandla me mostrou a cidade. Ele estava supertranquilo em relação àquilo tudo. Como já estivera ali, estava familiarizado com ela. Certa noite, Mandla decidiu que deveríamos ir a algumas boates, mas, quando chegamos à primeira, eu estava ficando muito nervoso. Era alto para a minha idade, mas só tinha 13 anos.

— Como vou entrar? — perguntei a Mandla.

— Apenas andando — disse ele, e antes de eu conseguir me opor, ele passou pelo segurança e pela porta. Comecei a segui-lo, mas tinha hesitado por tempo suficiente para despertar a suspeita do segurança.

— Espere, colega. — Ele estendeu seu braço forte entre mim e a entrada. — Quantos anos você tem?

Minha reação foi:

— Uhhhhhhh... 18?

Ele bufou e balançou a cabeça.

— Hoje não, irmão.

Mandla olhou por cima do ombro para se certificar de que eu estava com ele, e, quando viu que não estava, revirou os olhos e voltou para fora. Nós iríamos de uma boate para outra, então fomos para a próxima.

— Vamos, cara — disse Mandla. — Você precisa ter confiança. Apenas entre lá.

Quando nos aproximamos da porta, estiquei-me o mais alto que pude e acertei meus passos com os de Mandla, tentando manter meus ombros com a mesma postura autoritária que ele. Mandla passou pelo segurança e eu passei em sua sombra. O porteiro não disse uma palavra, e eu propositalmente não o olhei nos olhos Não sei se ele achou que eu tinha 18 anos ou apenas decidiu me deixar entrar. De qualquer maneira, fomos da porta direto para o bar. Aquilo era muito legal. A música era alta, as garotas eram lindas, e acabei tendo uma longa e interessante conversa com um casal de estadunidenses estacionado em uma base militar perto de Hong Kong. Quando voltamos para Joanesburgo, meus horizontes tinham definitivamente se ampliado.

— Você deveria ir ver sua mãe — disse Mandla depois de voltarmos para casa em Houghton. Eu não estava certo de que essa era uma boa ideia, mas ver Mandla com a mãe dele realmente me fez imaginar como aquilo poderia ser.

— Não sei onde ela mora — disse-lhe.

— O Velho comprou uma casa para ela em East Rand — disse Mandla. — Ela teve um bebê, sabia?

— O quê? — Fiquei em choque ao ouvir aquilo.

— Ah, sim. Temos outro irmão — disse Mandla. — Ele se chama Andile. É um pirralho muito fofo. Diga ao Velho que você quer vê-los.

Pensei nisso durante algum tempo antes de finalmente reunir coragem para pedir ao meu avô. Ninguém jamais havia dito que eu não podia mencionar minha mãe. Ninguém jamais havia dito nada contra ela. Era só uma vibração que desde o início eu sentira no ar. Como se soubesse que não sabia de muitas coisas. Quando por fim pedi ao Velho, ele deu um suspiro profundo e pareceu genuinamente triste.

— Ela saiu da casa que eu lhe dei em East Rand — disse ele. — Largou o emprego que lhe foi arranjado. Foi para a casa da família dela em Soweto. A tia dela está cuidando do bebê.

— Bhut pode me levar de carro até lá?

Meu avô pensou sobre aquilo, olhando-me como se somente naquele minuto tivesse notado o quanto eu estava mais alto do que quando cheguei.

— Sim — disse ele. — Você deveria ir.

Então eu fui. Gostaria de poder dizer que foi ótimo, mas não foi. Fiquei feliz em ver minha mãe, que ficou me dizendo o quanto estava orgulhosa de mim, mas ela era uma mulher muito combativa e, depois de um ou dois drinques, se tornou muito inconveniente com todos ao seu redor.

— Que filho alto e bonito eu tenho! Ah, sim, eu tenho um filho. — Minha mãe me contou que ela e meu pai tinham rompido totalmente e ela estava saindo com um cara. Queria que eu o conhecesse. Arrastou-me para a casa dele e bateu com força na porta.

— É isso aí! Eu tenho um filho!

Para ser sincero, aquilo foi muito chato. Foi estranho. Eu estava apavorado. A última coisa que queria era um desconhecido fortão abrindo aquela porta. Felizmente ele não estava, e não demorou muito para Bhut vir me levar para casa.

Não vi minha mãe ou tive notícias dela por um longo tempo. Durante o ensino médio, eu a via talvez uma ou duas vezes por ano. Ficava contente em vê-la, mas sempre ficava feliz em voltar para casa e para Mama Xoli, que realmente era — sendo totalmente sincero — a principal figura materna em minha vida. Não sei ao certo se algum dia ela saberá o quanto significou para mim.

Quando contei a Mandla sobre minha visita a Soweto, ele disse:

— Precisamos trazer Mbuso e Andile para casa conosco.

Nosso avô não foi super a favor dessa ideia. Ele adorava aqueles garotinhos — adorava todos os seus netos e bisnetos —, mas Mbuso só tinha 5 anos e Andile era um bebê, portanto, isso seria pedir a Mama Xoli e Mama Gloria para levarem seu compromisso a um nível totalmente diferente, muito além do trabalho relativamente pequeno que os garotos mais velhos davam. Mandla foi inflexível:

— Nós somos irmãos. Deveríamos ficar juntos.

Demorou um pouco para convencer o Velho, mas, cerca de um ano depois que Mandla chegou, Mbuso veio morar conosco. Um ano mais tarde, Andile, que estava com 2 anos, também se juntou a nós. Na maior parte do tempo, Mama Xoli, Mama Gloria e as outras mulheres que trabalhavam na casa cuidavam dos pequenos, mas Mandla me disse que era a minha vez de assumir meu lugar de irmão mais velho, e adorei aquele papel. Andile e Mbuso eram minha conexão com minha mãe, e acho que ter nós quatro juntos à barulhenta mesa de jantar fez nosso avô se sentir um pouco mais conectado com meu pai e a família que lhe fora tirada.

Em 1992, Madiba fez uma declaração para a imprensa de que ele e Mama Winnie haviam se separado, mas eles só se divorciaram mesmo em 1996. Ele falou muito pouco sobre isso em seus escritos e verbalmente. O Velho era reservado no que dizia respeito a assuntos pessoais e estava determinado a preservar a privacidade de sua família. Seus livros eram sobre política e história, e ele era humilde em relação ao seu lugar nelas. Gostava de falar sobre Qunu, o lugar onde havia passado sua infância, e ficava feliz em falar sobre isso durante entrevistas, mas quando as perguntas se voltavam para assuntos pessoais ou familiares, ele se sentava com um sorriso pétreo e balançava a cabeça, sempre educado, mas irredutível.

A TRILHA PERCORRIDA

— Sr. Mandela, agora que seu divórcio foi concluído...

— Eu disse que não vou tratar de assuntos pessoais.

— Sr. Mandela, seu relacionamento com Graça Machel, ex-primeira-dama de Moçambique...

— Não vou responder a isso.

— Ah. Eu entendo. Então está bem. E quanto a Sra. Machel...

— Por favor, lembre ao seu editor que eu disse que não tratarei de assuntos pessoais.

Graça Machel ficou viúva em 1986 quando seu marido, Samora Machel, o presidente de Moçambique, morreu em um acidente de avião. Ela era uma mulher formidável, com sua própria história de resistência ao colonialismo em seu país. Era graciosa e diplomática, mas li em algum lugar que conseguia desmontar uma metralhadora e montá-la em questão de minutos. Graça era singularmente adequada para partilhar a vida complicada de Madiba. Anos depois, em uma conversa com a BBC, ela descreveu aquilo como um relacionamento "muito maduro" entre "duas pessoas que haviam sido muito machucadas pela vida".

Ela disse: "Depois que Mandela perdeu o maior amor de sua vida, Winnie, ele pensou: *acabou*. Não era mais jovem. Achou que se concentraria em sua vida política, seus filhos e netos." Graça, uma defensora dos direitos das mulheres e crianças, ainda estava envolvida em política, por isso ela e Madiba se conheciam, e depois se tornaram amigos e confidentes. Quando Mandla veio morar conosco, começamos a brincar com o Velho sobre ter uma namorada. Finalmente um porta-voz da família fez uma pequena declaração para a imprensa: "Estou autorizado a confirmar que há algum tempo existe um relacionamento próximo, ou uma amizade, entre o presidente e a Sra. Graça Machel, e o presidente está confortável com isso."

Madiba e Graça se casaram no 80° aniversário dele, em uma cerimônia pequena com apenas nossa família e alguns amigos. Houve uma complicada trama para manter a imprensa distraída, o que não foi muito difícil, porque o casamento foi um dos poucos momentos tranquilos em uma profusão de festividades de aniversário. A comemoração começou na quinta-feira à tarde no Kruger National Park, onde o Velho se juntou a mil órfãos e foi servido com um bolo de aniversário de 118 quilos. No domingo, houve uma gigantesca festa beneficente para levantar fundos para as instituições de caridade favoritas de Madiba, por meio de seu Millennium Fund. As celebridades convidadas incluíram Stevie Wonder, Danny Glover e Michael Jackson.

A chegada do "rei do pop" foi mais do que suficiente para distrair a atenção da imprensa, e na mente de cada criança de nossa família aquilo era muito mais importante do que dois velhos finalmente se casando. Toda a família se reuniu em uma sala na casa de um amigo em Joanesburgo, onde Michael estava hospedado. As crianças pequenas ficaram no sofá com Madiba, mal cabendo em si de animação. Eu fiquei um pouco atrás com Mandla, nosso primo Kweku e outros garotos mais velhos, fazendo o possível para permanecer indiferente. Nem acreditávamos na sorte que tínhamos em estar cantando "Parabéns para você" e comendo bolo com Michael Jackson. Quando olho para o vídeo daquele momento, vejo Mandla e eu no meio daquilo tudo, meticulosamente descontraídos e propositalmente calmos.

Durante aqueles anos, aprendi muito com Mandla, o *maluco no pedaço* que fazia todos nós rirmos e nos protegia quando fazíamos algo errado. Tenho de lhe dar crédito pelo modo como ele intervinha como o irmão mais velho. Mandla me incluiu em sua vida, partilhou sua música comigo e se dedicou a me ensinar os princípios básicos de como ser um homem. Para ser sincero, é um pouco doloroso pensar nisso, porque Mandla e eu não somos tão próximos agora. Logisticamente, se um irmão precisasse, o outro poderia estar ao lado dele em algumas horas, mas de todos os pontos importantes — ideologicamente, pessoalmente, emocionalmente — estamos em mundos separados. Eu fiz a pior coisa que um irmão pequeno pode fazer: cresci. E Mandla fez a pior coisa que um irmão mais velho pode fazer: me desapontou.

Se você tem irmãos ou irmãs, sabe como e por que na idade adulta se afastam uns dos outros, especialmente quando os patriarcas e as matriarcas se tornam menos fortes ou morrem. Dada a posição em que nós, os Mandela, nos encontramos, essa dinâmica é multiplicada por dez em minha família, de modo que as circunstâncias são únicas, mas eu lhe garanto que a real dinâmica de nossa família não é diferente da dinâmica da sua.

Todos nós fazemos escolhas em nossas vidas que podem não ser as escolhas que nossos irmãos fariam. Alguém quer uma coisa. Alguém tem uma coisa. Alguém faz uma coisa. Alguém diz uma coisa. No momento, o problema sempre parece extremamente importante. Com o passar do tempo, os rancores se tornam profundamente enraizados, e o tempo sempre passa muito mais rápido do que você achava possível. Você é deixado em um triste estado de questionamento: a reconciliação é possível? Vale a pena? Exigirá muito do meu orgulho ou custará muito da dignidade de meu irmão? A reconciliação em uma família, em um país ou no próprio coração de uma pessoa é um processo complicado. O perdão não é para os fracos. Às vezes, exige um estômago forte.

Em abril de 1996, ordenada pelo Ato de Promoção de Unidade e Reconciliação Nacional, a Comissão da Verdade e Reconciliação da África do Sul (CVR), liderada pelo arcebispo Desmond Tutu, iniciou audiências formais na Cidade do Cabo. Nos dois anos seguintes, com muitas sessões transmitidas por rádio e pela TV nacionais, as audiências abriram espaço para vítimas de violência e outros abusos sob o apartheid (de 1960 a 1994). O objetivo era restaurar a dignidade daqueles que tiveram seus direitos humanos desrespeitados, facilitar a reabilitação e a reparação se possível, e, em alguns casos, conceder anistia àqueles dispostos a reconhecer e aceitar a responsabilidade pelas coisas erradas que fizeram.

Essa foi uma empreitada enorme e um momento amargo para todos na África do Sul. Mas também foi um momento compassivo e purificador, o início da cura baseada na realidade, ao contrário do conto de fadas do jogo de rugby que magicamente nos tornou todos irmãos. O racismo é um câncer cultural, e a CVR foi a primeira rodada de quimioterapia da África do Sul: dolorosa, nauseante e necessária. Ainda temos muito trabalho a fazer, mas, graças a Madiba, acredito que estamos anos-luz à frente de nações poderosas que vivem em profunda negação do racismo maligno que infecta suas culturas. Madiba criou uma estrutura imperfeita, mas progressista, em que o perdão era possível, e as pessoas reagiram a isso, em parte porque sabiam que ele partilhava o grande custo pessoal da responsabilidade.

Uma das pessoas que ficou diante do Comitê de Violações dos Direitos Humanos da CVR em 1997 foi Mama Winnie, e ela não estava testemunhando como vítima; estava lá como a acusada. O comitê já havia ouvido depoimentos implicando o Mandela United Football Club — um time de futebol que funcionava como guarda-costas de Mama Winnie — em vários assassinatos e ataques durante o apartheid. Em 1986, quatro anos antes de

Madiba ser solto, Mama Winnie ficou na frente de uma multidão reunida para ouvi-la em Munsieville e fez um discurso inflamado sobre os males do apartheid, sobre injustiça e intolerável crueldade, e, no calor do momento, disse: "Juntos, de mãos dadas, com nossas caixas de fósforos e nossos colares, libertaremos este país!" A multidão enlouqueceu. A mídia enlouqueceu. O CNA entrou em pânico. O colar de fogo era uma prática aterrorizante que inevitavelmente levava ao uso da palavra "selvagem" pela mídia ao descrever indivíduos negros sul-africanos. Isso não deveria ser mencionado levianamente e não podia ser tolerado. Mas essa era Mama Winnie. As pessoas a adoravam. Com tudo que Mama Winnie havia feito e sofrido durante aquela luta, o CNA não podia se distanciar dela.

Anos depois de toda essa lamentável e inconcebível loucura, Mama Winnie se sentou diante da CVR e falou com dignidade e tristeza sobre os acontecimentos terríveis daqueles anos, durante os quais ela havia sido profundamente injustiçada, presa, torturada e mantida na solitária. Incitada por Tutu, admitiu que também havia julgado outros mal e que, perto do fim, as coisas tinham "dado terrivelmente errado", particularmente na morte por espancamento de um garoto de 14 anos. Ela se desculpou para as famílias das vítimas. Não sei qual, se é que houve algum, pedido de desculpas foi feito a ela.

Aquilo partiu o coração de Madiba. Ele amava aquela mulher notável e sabia o quanto ela tinha sofrido. Houve muito estresse na família e no CNA por causa disso, e às vezes eu odiava ouvir o som áspero daquelas vozes que eu amava. Queria voltar às risadas e à música alta. Queria que todos amassem todo mundo e não queria que meus irmãos pequenos crescessem com o tipo de violência e conflito que eu havia testemunhado com aquela idade. Não era algo fácil de superar, mas na maioria das vezes Madiba era estoico em relação àquilo. Não me falava nada sobre as audiências, e eu não perguntava, mas em alguns dias notava o peso da tristeza nele. Madiba e Mama Winnie não estavam juntos, e discordavam firmemente sobre muitas coisas, mas era evidente que seu amor e respeito mútuo nunca deixaram de existir.

Em 2001, houve um estranho incidente no Dia da Juventude, em um evento comemorativo do 25º aniversário do levante de Soweto. Mama Winnie chegou atrasada e demorou a subir no pódio por causa da multidão que se reuniu para cumprimentá-la. Quando ela foi cumprimentar Thabo Mbeki, na época presidente da África do Sul, com um beijo no rosto, ele a afastou para o lado agressivamente o suficiente para lhe arrancar seu boné de beisebol da cabeça. Ela não se machucou, mas aquilo repercutiu muito mal. A mídia enlouqueceu, porque é isso que faz. O mais surpreendente foi o quanto Madiba ficou zangado ao ver o vídeo do embaraçoso momento.

— Como ele pôde fazer uma coisa dessas? — O Velho apontou o dedo para a TV. — Isso não é modo de tratar uma mulher. Qualquer mulher. Mas uma avó? Uma colega que fez sacrifícios inimagináveis pela causa da liberdade? Não! Isso não é aceitável.

Mbeki tentou telefonar para ele naquela noite, mas quando a secretária levou o telefone para a sala de jantar, Madiba disse:

— Leve isso embora. Não vou atender os telefonemas dele. — Com isso, ele queria que Mandla e eu aprendêssemos que nunca havia uma desculpa para machucar ou maltratar uma mulher. Independentemente das circunstâncias, existia uma linha que não devia ser cruzada. Contudo, em geral o Velho tinha uma boa impressão de Mbeki e era totalmente a favor da reconciliação.

Não sei o que se passou entre eles ou como Mbeki voltou a cair nas boas graças de Madiba, mas meu avô nunca fazia as pessoas se curvarem a ele. Não escondia seu desapontamento ou sua irritação, mas queria que as pessoas superassem seus piores momentos e se redimissem, particularmente se era alguém da família ou um amigo.

Talvez de alguma maneira seja mais fácil fazer as pazes com um estranho do que com um bom amigo ou até mesmo com um irmão. Um estranho não partilha tantas histórias, tantas águas passadas. Entre irmãos há vulnerabilidade, um maior potencial de ferir e ser ferido. Então tentamos engolir nossa raiva e esperamos que os outros engulam a raiva que sentem de nós. Perdoar e esquecer, certo?

No entanto, isto é algo que aprendi com meu avô: a raiva tem seu lugar, até mesmo em um coração bondoso. A raiva é uma parte essencial do perdão, porque negar nossa raiva mantém o perdão à distância e nos impede de passar por cima dela.

Madiba pedia a seus conterrâneos que perdoassem, mas nunca lhes pediu que esquecessem. Fazia questão de que os erros perpetrados durante o apartheid se tornassem parte de nossa história escrita e gravada — até mesmo os erros cometidos por pessoas que lhe eram caras, as mesmas pessoas que lutaram por sua liberdade. Falando apenas por mim mesmo, de modo algum eu seria capaz de sair da prisão depois de quase três décadas e dizer para minha família para jogar suas armas no oceano. Não há palavras para isso no léxico das pessoas comuns. Nós precisávamos que Madiba preparasse aquele caminho para seguirmos, e ele fez isso a um grande custo pessoal, focando firmemente no bem maior.

— Para mim — disse Madiba —, a não violência não foi um princípio moral, mas uma estratégia.

Uzawubona uba umoya ubheka ngaphi, diz o velho ditado. "Ouça a direção do vento." O Velho ficou sentado na prisão durante todos aqueles anos e ouviu. Observou o que estava acontecendo ao nosso redor em Uganda, Zimbábue e Nigéria. Eles ganharam sua independência e imediatamente expulsaram os brancos. No Congo, todos os brancos e indianos receberam ordens para ir embora. De repente, a economia morre — e permanece morta por um longo tempo. Nada se move. Com seus inimigos longe, as pessoas se voltam umas para as outras, traçando novas linhas de ódio baseadas em religião, ideologia ou medo — tudo que possa ser habilmente usado por aqueles que tentam controlar a população, que entendem que as pessoas são muito mais fáceis de controlar quando estão divididas, em vez de unidas. A pobreza e o desespero permitem o surgimento do pior tipo de autoritarismo, seja de ditadores como Idi Amin, ou de um vigarista que chega à presidência, ou qualquer um de mil burocratas insignificantes que sofreram bullying durante toda a sua vida e estão ávidos por um gostinho de poder sobre os outros.

Madiba estava determinado a não deixar isso acontecer na África do Sul. Ele acreditava que éramos capazes de mais do que caos e vingança, e teve dez mil dias para pensar em como isso poderia funcionar. Ele criou uma estratégia, e seu segredo era a crença inabalável em que deveríamos nos mover para frente juntos — muitas raças, um país —, mas ele não pediu às pessoas que perdoassem como um favor para aqueles que lhes fizeram mal; pediu-lhes que fizessem isso por elas mesmas e por seus filhos.

— Nesse dia — vovó Evelyn costumava ler o Velho Testamento —, morará o lobo com o cordeiro, e o leopardo com o cabrito se deitará, e o bezerro, e o filho do leão e o animal cevado andarão juntos, e um menino pequeno os guiará.

A TRILHA PERCORRIDA

Essa passagem pinta um belo quadro de um mundo pacífico, mas ele não vem com um manual de instrução. Madiba forneceu um projeto. Estabeleceu um novo paradigma para o perdão que só poderia ser explicado como uma dádiva de Deus, mas agora vejo que não foi uma santa capacidade de perdoar e esquecer. A dádiva de Deus para Madiba foi a sabedoria para reconhecer o perdão como parte de uma estratégia de liderança. Como um princípio econômico. Como um componente-chave para a reconciliação, que é o único modo de verdadeiramente seguir em frente para qualquer sociedade ou família. Outro componente-chave é a justiça, e você não pode encontrá-la olhando para trás, só olhando para frente.

Sob a lei de Restituição dos Direitos à Terra de 1994, o governo comprou terras de proprietários brancos e as devolveu aos indivíduos negros que as cultivaram durante gerações antes do apartheid. Em 1998, Madiba foi a KwaZulu-Natal para uma cerimônia em que 85 famílias negras receberam 600 mil hectares. Ele disse: "Nosso programa de reforma agrária ajuda a reparar as injustiças do apartheid. Promove a reconciliação e a estabilidade nacional." Nesse meio-tempo, o presidente do Zimbábue havia anunciado que os proprietários brancos iriam embora sem nenhuma compensação. Seu pensamento foi: "Eu não vou comprar meu próprio Rolex do ladrão que o roubou." Algumas pessoas acharam que Madiba devia ser severo o bastante e expulsar os brancos, mas ele defendia a paciência e a paz. Vinte anos depois, ambas estão difíceis de manter. Há um modo compassivo e justo de estruturar a redistribuição de terras e, quando descobrirmos esse modelo de negócio que funcione, teremos descoberto o segredo para estabelecer a paz e a igualdade em uma escala global, mas isso ainda não aconteceu.

106

Em 2018, o Índice de Gini do Banco Mundial, um instrumento estatístico que mede a desigualdade econômica, classificou a África do Sul em último lugar dos 149 países estudados. Último. Um relatório recente diz que, no topo, um por cento dos sul-africanos (predominantemente brancos) possuem 70,9 por cento da riqueza da nação. Os sessenta por cento (predominantemente negros) na base possuem cerca de sete por cento. Isso é uma consequência óbvia do colonialismo e do apartheid. Minhas irmãs e meus irmãos negros não podem se sentar amargurados ou fingir que isso os livra da responsabilidade por suas próprias vidas, mas minhas irmãs e meus irmãos brancos não podem negar que ainda desfrutam dos benefícios do apartheid. Chegará um tempo em que nós, filhos do apartheid, negros e brancos, diremos uns aos outros: "Olhem, meus avós não foram justos com seus avós. Meus pais não foram justos com seus pais. Mas eu quero ser justo com você." Nós temos de ser a geração que entende que o racismo, o sexismo, a LGBTfobia, a intolerância religiosa — a desigualdade em todos os seus torpes disfarces — destroem o mais poderoso ativo disponível para a humanidade: a união.

6

Ulwazi alukhulelwa.
"Ninguém se torna grande alegando grandeza."

Entre as histórias antigas que o Velho adorava contar, há várias envolvendo uma lebre que levava a melhor sobre valentões muito maiores e fisicamente mais fortes do que ela.

— Você deve fazer como a lebre — dizia Madiba. — Aquela lebre era esperta. — E então ele contava uma das muitas façanhas da Lebre, como quando o Búfalo a convida para acompanhá-lo em uma longa jornada. Como o Búfalo era capaz de intimidar todos os outros animais levando-os a fazer o que ele queria, a Lebre pensa que é do lado dele que deve ficar, até que o Búfalo diz: "Já que vou deixá-la ir comigo, Lebre, espero que você carregue minha esteira de dormir." E ele coloca a pesada esteira nas costas da pobre Lebre. Eles viajam por um ou dois dias, e a Lebre está realmente farta daquela coisa de esteira, mas tem medo de dizer alguma coisa para o Búfalo e ele pisar nela e terminar qualquer discussão ali mesmo. Então ela diz: "Búfalo, você deve estar com fome. Siga em frente e, como sou muito mais rápida, vou correr para aquele bosque, colher algumas frutas para você e alcançá-lo depois." O Búfalo sabe que a Lebre não ousaria fugir, por isso concorda e segue seu caminho. A Lebre corre para o bosque e colhe algumas maçãs, mas na verdade está procurando uma árvore com uma colmeia, e a encontra. Ela desenrola a esteira de dormir do Búfalo, usa um longo graveto para besuntá-la de mel, deixa as abelhas voarem para a esteira e a enrola de novo. Ela e o Búfalo chegam ao seu destino. O Búfalo vai para uma cabana onde eles deveriam ficar, e diz: "Não, você dorme lá fora. Esta é a minha cabana." E a Lebre diz: "Não se preocupe. Vou trancar a porta depois que você entrar para que ninguém o incomode. Não se esqueça de sua esteira de dormir."

Você pode imaginar o que acontece quando o Búfalo desenrola a esteira cheia de abelhas. A descrição de Madiba do grande bully em um mundo subsequente de dor nos fez chorar de rir. Suas habilidades de contador de histórias melhoraram com a chegada de Mbuso e Andile, porque eles ainda eram pequenos o bastante para acreditar em rios mágicos e árvores falantes. Ele adorava fazê-los rir com vozes bobas e grandes gestos. O Velho tinha se suavizado um pouco desde a minha chegada e, honestamente, aqueles dois foram muito mimados. A rígida disciplina ainda era a regra para mim, mas tudo parecia desaparecer quando se tratava de Mbuso e Andile. Madiba parecia se apegar à ideia de que havia mais prazer em contar histórias do que em policiar um quarto imaculadamente limpo.

Mbuso e Andile eram crianças "nascidas livres", crianças que não tinham nenhuma lembrança do apartheid. Madiba gostava da ideia de essa nova geração aprender sobre o apartheid na escola algum dia, coçando suas cabeças e dizendo: "Isso é ridículo!" — ou o que quer que estivessem dizendo na época. Naquele tempo, como assistíamos muito a *In Living Color* no final dos anos 1990, a expressão geralmente era: "Eu não penso assim!" ou "Mano, não brinca assim", e então você batia na outra pessoa com uma almofada de sofá.

Mas voltando ao Búfalo e à Lebre.

— Vejam, isso é sobre estratégia — disse o Velho. — Como o boxe. No campo de batalha, o Búfalo vence, porque tem a força bruta. No ringue, a Lebre tem uma chance, porque boxe é ciência. Boxe é uma forma de arte. É física e geometria.

Madiba e eu assistimos à "Finally" (Finalmente, em português), a primeira luta Tyson-Holyfield, em 1996. No meio da noite, eu estava com os olhos cansados, mas entusiasmado por estar fora da cama e na ação. A luta se intensificou até um final muito contestado, com Holyfield mantendo seu título e Tyson se queixando amargamente da cabeçada que o árbitro declarou acidental. A revanche, em junho de 1997, foi vendida em *pay per view* como "The Sound and the Fury", ou "O som e a fúria", e houve muito de ambos. Foi um grande evento em nossa casa.

— Ndaba, acorde. — Mandla entrou em meu quarto e me tirou da cama no meio da noite. — Desça para a sala. Vai começar logo.

A luta começou às 18 horas de uma noite de sábado em Las Vegas, o que representava uma hora estúpida no domingo em Joanesburgo, acho que umas 3 da manhã. Via de regra, o Velho dormia cedo e acordava cedo, e eu ainda tinha um toque de recolher às 22 horas (na teoria, embora raramente houvesse alguém policiando isso), mas ele não ia perder a luta e eu também não. Mandla e eu nos acomodamos na sala de visitas com o Velho, comendo Provita com Beefy Bovril (bem melhor do que Vegemite), esperando pelo início do grande evento e ouvindo nosso avô filosofar sobre a natureza igualitária do boxe. Ele apreciava qualquer momento em que raça, status social e dinheiro não contavam, restando apenas a verdadeira natureza de uma pessoa.

— No ringue, você só pensa em estratégia — disse ele. — Em como se proteger. Como vencer seu oponente. Vocês circundam um ao outro, avaliando pontos fortes e fracos. Não só o físico, mas o que está nos olhos desse homem.

O amor de Madiba pelo boxe é bem documentado. Ele era bom nisso na juventude e, observando a pré-luta, não pôde evitar adotar uma posição de soco em sua poltrona, com os punhos virados para cima e os cotovelos bem firmados no tórax.

— No ringue, você vê o verdadeiro caráter de um homem — disse ele. — Na primeira vez em que fui aos Estados Unidos, conheci Holyfield. Conheci o campeão. Muitos estadunidenses ofereceram palavras de apoio. Ele era um daqueles que sabia que palavras não eram suficientes. Nós precisávamos de recursos para a causa da liberdade vencer.

Começou o primeiro round. Holyfield e Tyson foram na direção um do outro, e parecia que a luta seria longa e brutal. O segundo round foi interrompido por uma cabeçada acidental que deixou Tyson com sangue escorrendo de um corte no olho.

— Tyson está sendo maltratado — disse o apresentador. — Holyfield está realmente partindo para cima dele.

— Sim, sim! — Madiba estava em pé agora. — É aí que eles reúnem uma surpreendente força de vontade. Quando começam a sentir dor.

O sino tocou. Dois rounds se passaram e parecia que Holyfield ia acabar com Tyson. Mas no terceiro round, Tyson reagiu. Meu diálogo com Mandla consistiu principalmente em: "Oh. OH! *Uauu!*", e assim por diante. O Velho parecia estar conversando com o apresentador.

— Tyson pega fogo! — disse o apresentador. — Ele realmente tem de mostrar caráter.

— Certamente. Caráter é a chave. Agora olhe, Ndaba. Está vendo? O trabalho de pés? É assim que... *oh!*... O que... O que aconteceu?

Mandla e eu estávamos em pé diante da TV, perto do Velho, todos os três gritando: "Não pode ser! Não pode ser!" Holyfield se desvencilhou de Tyson, pulando para cima e para baixo em um círculo, agarrando a lateral de sua cabeça. Sangue escorreu de seus dedos.

— Ele o mordeu! Ele o mordeu!

A multidão no MGM Grand ficou furiosa enquanto o juiz se punha entre os dois lutadores. Holyfield se virou para ir para seu canto, e Tyson o empurrou por trás.

— Inaceitável! — declarou Madiba. — Isso é totalmente contra as regras de Queensbury.

— Ah, há algo de errado ali — disse o apresentador. — Aquilo quase pareceu uma mordida.

— *Quase?* — Um replay em câmera lenta mostrou nitidamente Tyson cuspindo um pedaço da orelha de Holyfield no chão. — *YHO! YHO! YHO!*

A luta parou por alguns minutos enquanto eles cuidavam da orelha de Holyfield, molhando-a com uma garrafa de água.

— Vovô, você acha que eles vão continuar? — perguntei.

— Rapaz, é difícil dizer. — Madiba balançou a cabeça. — Há muito dinheiro investido nessa luta. Uma tremenda pressão para vencer.

O apresentador fez um comentário irônico sobre a esposa de Holyfield ser uma especialista em gerenciamento de dor. O sino tocou. Para a surpresa de todos, a luta ia continuar.

— Isso que é uma luta furiosa — disse o apresentador, e dali a cerca de um minuto Tyson provou que era mesmo. Ele mostrou

A TRILHA PERCORRIDA

os dentes e procurou a outra orelha de Holyfield. Todos nós estávamos em pé de novo, gritando em cinco línguas diferentes.

— *Hayi-bo! Yho!*

— Ultrajante! — disse Madiba. — Isso não é uma briga de galos. — Mostre um pouco de decência! Seja homem e siga as regras.

Então tudo terminou. Totalmente fora de controle. Dezenas de pessoas subiram no ringue, se socando, berrando ou lutando pelo melhor ângulo para a câmera. Mandla e eu achamos aquilo tudo imensamente divertido, mas Madiba ficou sentado em silêncio em sua poltrona, observando o caos.

— Eles devem desclassificá-lo — disse Madiba com genuína tristeza. — Não sei se alguém já foi desclassificado de um título de peso-pesado, mas eles devem desclassificá-lo. Não importa quanto dinheiro gastaram, não podem permitir que isso continue.

O apresentador salientou que com o corte em seu olho direito, Tyson não poderia mesmo ter continuado por muito mais tempo.

— Isso pode ter sido o pânico se instalando — disse ele.

— O que você acha? — perguntei a Madiba. — Ele entrou em pânico, vovô? Ou essa foi a estratégia dele? Tipo, ele iria perder, mas as pessoas ainda achariam que era o mais forte.

O Velho balançou a cabeça.

— Não podemos saber o que se passa na cabeça de outro homem, Ndaba. O que sei é que violência irrestrita não é nem fortaleza, nem estratégia.

O evento ficou conhecido na história do boxe como "A luta da mordida". Posteriormente, Tyson afirmou haver mordido a orelha de Holyfield em retaliação pela cabeçada anterior que não acreditava ter sido acidental. Ele obteve muita atenção, mas Holyfield foi o campeão. Não muito depois da luta "O som e a fúria", Holyfield foi à nossa casa em Houghton ver Madiba de novo.

— Campeão! Como você está? — Madiba saiu para cumprimentá-lo na escada da frente. — Que bom vê-lo!

Sempre tentei ficar afastado quando havia muitas câmeras por perto, mas estiquei o pescoço para olhar mais de perto aquela orelha ainda não totalmente curada — e sim, havia um bom pedaço de cartilagem faltando.

Depois que meu pai terminou a faculdade, começou a atuar na área do direito. Algo a ver com o negócio de seguros, eu acho. O Velho lhe comprou uma casa em um bairro judeu de alto padrão em Norwood, a menos de cinco minutos de Houghton. Muito decente. Muito bonita. Era uma casa de três quartos com uma piscina. Meus irmãos e eu ficamos com Madiba e Graça. Não me lembro de nenhuma conversa sugerindo o contrário. Naquele ponto, eu havia passado mais anos com Madiba do que com qualquer um dos meus pais. Só tinha visto minha mãe algumas vezes desde que eu tinha 10 anos. Vi meu pai em eventos familiares, onde via toda a minha família estendida. Natal e Páscoa. Aniversários. Esse tipo de coisa. Na prática, no dia a dia, Madiba era meu pai — meu provedor, meu guardião, meu tudo —, aquele que se apresentava para fazer tudo que você espera que um pai faça.

Às vezes, eu achava difícil viver com os altos padrões e as regras rígidas de meu avô — provavelmente porque eu era um chato no início da minha adolescência. Madiba trouxe a estrutura e os limites que estavam faltando desde minha primeira infância. Ocasionalmente, quando ele me dizia para estudar mais ou me lançava um olhar de censura por eu ter sido indiscreto, eu começava a dizer algo estúpido e imediatamente percebia que isso não mudaria minha situação em nada. Eu era absurdamente sortudo, e sabia disso. Aquilo não foi fácil para nenhum de nós, mas, pela primeira vez em minha vida, eu sentia uma base sólida sob meus pés. Quando penso naqueles anos, sinto uma imensa gratidão.

A TRILHA PERCORRIDA

Depois que Graça e Madiba se casaram, nós nos mudamos para uma rua ao lado, uma casa com mais espaço para toda a família. E às vezes, quando eu estava de férias, todos nós íamos para a residência presidencial em Pretória. Durante o apartheid, o local era chamado de Libertas, a deusa romana da liberdade. Então, aquilo era um pouco irônico. Quando Madiba foi empossado, trocou o nome do lugar para Mahlamba Ndlopfu, cuja tradução literal do xitsonga é "o banho dos elefantes", mas que na verdade significa "a nova alvorada" — o momento em que os elefantes vão para a água.

Independentemente de se estávamos em Pretória ou em casa em Houghton, Graça insistia para que todos nós almoçássemos e jantássemos juntos à mesa. Se Madiba estava viajando, podíamos comer na cozinha ou diante da TV, mas quando ele estava lá, todos nós nos sentávamos à mesa, na hora certa, juntos. Esses jantares em família não eram nada parecidos com as refeições silenciosas que Madiba e eu partilhávamos à longa mesa da sala de jantar, quando eu estava na escola primária. A conversa era irreverente e cheia de risadas. Brincávamos uns com os outros e até mesmo com o Velho quando ele estava com humor para isso. Celebrávamos feriados e aniversários com grandes e ruidosas festas, e nos dias normais, a casa ficava agitada com idas e vindas, e atividade.

Uma mudança que Graça fez imediatamente foi se livrar do sino da mesa de jantar. Tocar aquele sino não era do estilo dela, e fiquei feliz com isso. Quando eu cheguei pela primeira vez, achei aquilo ótimo e ficava entusiasmado em tocar o velho sino, mas, à medida que fui crescendo, comecei a sentir uma leve *vibe de colonizador* nele que me deixava desconfortável. Agora vejo que esse era um dos resultados da prisão de Madiba; ele não conhecia certas coisas sobre as regras da etiqueta moderna, porque havia perdido essa grande parte de sua vida. Meu avô costumava dizer: "Provavelmente muitas pessoas ficarão chocadas ao descobrir como eu sou colossalmente ignorante em relação a coisas simples que as pessoas comuns acham normais." Madiba havia crescido em uma área rural, depois vivenciado o apartheid e em seguida sido preso. Ele era muito culto, muito cuidadoso em relação à etiqueta, mas, como havia perdido a liberdade antes de as normas se tornarem mais relaxadas, ainda se portava com a cortesia da velha guarda.

Um dia, quando estávamos almoçando, Mama Xoli levou o telefone para a sala de jantar e o entregou para ele.

— Sua Majestade, a rainha Elizabeth, gostaria de falar com você.

— Ponha-a na linha — disse meu avô. Ele pegou o telefone e disse: — Alô? Alô, Elizabeth! Como vai? Bom, bom. Ah, sim, eu vou bem, obrigado.

Graça e eu nos entreolhamos, surpresos em ouvi-lo se dirigir a ela tão informalmente. A conversa continuou, ao que pareceu como um bate-papo informal. Depois que ele desligou e Mama Xoli levou o telefone embora, Graça disse:

— Madiba, você não pode simplesmente chamá-la de Elizabeth. Tem de dizer Vossa Alteza. Há um protocolo.

— Do que você está falando? Ela me chama de Nelson. Sempre nos chamamos por nossos primeiros nomes. Não se esqueça, eu sou da realeza. — Ele me deu um sorriso furtivo de lado, que no fundo significava *Reconheça*. — Eu sou um príncipe thembu.

Graça riu e contrapôs:

— Você é muito insubordinado.

Madiba gostava de contar a história de como se encontrou pela primeira vez com sua amiga Elizabeth no palácio de Buckingham, anos atrás.

— Nós almoçamos, depois do almoço caminhamos e caminhamos, e depois tomamos chá. Passamos o dia nos conhecendo.

A TRILHA PERCORRIDA

Ele finalmente lhe disse:

— Bem, vou voltar para meu hotel e descansar.

Ela lhe perguntou:

— Onde está hospedado?

Ele respondeu:

— No Dorchester.

— Nada de Dorchester esta noite — decretou ela. — Esta noite você ficará aqui.

E ele disse:

— Ah. Está bem.

Essa foi a história, e Madiba nitidamente gostava de contá-la

— Mas você não é um príncipe de verdade, é? — perguntei.

— Ah, sim. Nós somos da casa real do povo thembu — disse ele muito seriamente. — A primeira esposa do rei é a grande casa. A segunda esposa é a casa da mão direita. A terceira esposa, a casa da mão esquerda, e assim por diante. Cada casa tem uma esposa diferente. O primeiro filho da primeira casa é o herdeiro, mas cada casa tem sua missão. O papel da segunda casa é fazer tudo o que a primeira não consiga lidar — o que quer que lhe seja delegado quando a primeira casa estiver muito ocupada. A terceira casa às vezes tem de ficar entre elas porque, sempre que os homens obtêm um pouco de gosto do poder, lutas são travadas, e isso acontece há eras. Nós descendemos da quarta casa. Nosso papel é sermos mediadores que aconselham o rei, por isso, quando eu era jovem, fui designado para ser treinado como um conselheiro real.

— Sobre guerras e outras coisas?

— Governar é mais do que travar guerras. Há economia, infraestrutura, o bem comum. Para os antigos reis, isso significava garantir que disputas fossem resolvidas adequadamente. Mas eu fugi para Joanesburgo. Um casamento estava sendo arranjado

118

para mim, e... Ah, rapaz, eu não queria me casar com aquela garota. Veja bem, meu primo Justice e eu estávamos namorando duas garotas, mas o rei não sabia disso, e então, quando ele arranjou o casamento, as trocou. Inadvertidamente, o arranjo era nos casarmos com a namorada do outro. Você entende a dificuldade.

— Então você desobedeceu ao seu velho — observei. — Ele nem sempre sabia o que era melhor para você.

Madiba sabia exatamente aonde eu queria chegar.

— Eu era um homem — disse ele. — Quando você for para a montanha e se tornar um homem, poderá me dizer quem sabe o que é melhor para você. Até lá, ouça os mais velhos.

Em junho de 1999, quando eu estava com 16 anos, Madiba deixou o cargo de presidente, apoiando totalmente Thabo Mbeki como seu sucessor. Desde o início, ele havia dito que seu mandato não seria de mais de cinco anos, e se manteve firme nessa decisão. Em seu discurso final para o parlamento, falou sobre a nova era em que a África do Sul havia entrado. Estava muito orgulhoso do que havia sido feito, mas creditou a transformação ao povo sul-africano que escolhera "um caminho estritamente legal para sua revolução". Ele disse: "Eu sou o produto da África e de seu sonho há muito acalentado de um renascimento que agora pode ocorrer para que todos os seus filhos possam brincar ao sol." O Velho estava se sentindo esperançoso, muito animado com a próxima fase de sua vida, e fez todos rirem dizendo: "Novamente pudemos aumentar as pensões por idade. Estou muito animado com isso. Em Davos, na Suíça, eu disse na sessão do plenário que dali a alguns meses estaria na beira da estrada dizendo: 'Por favor, ajudem! Desempregado! Sem dinheiro e com uma nova esposa!'"

Ele continuou envolvido na política, encontrando um novo lugar para si mesmo no cenário mundial, mas queria tornar seus filhos e netos uma prioridade. Ainda era bombardeado diaria-

A TRILHA PERCORRIDA

mente por telefonemas, visitas e problemas, mas agora podia escolher em quais problemas estava interessado, um luxo ao qual nunca se dera como presidente — especialmente sendo o primeiro presidente negro. Para mim, o lado bom foi que nós o víamos mais em casa. O lado ruim foi que isso tornava mais difícil sairmos impunes de qualquer coisa. Eu estava começando a me irritar com as altas expectativas de Madiba, o toque de recolher às 22 horas, os severos sermões. Sabia que ele considerava viajar pelo mundo uma parte importante de uma educação completa. Por isso, um ano depois de ele deixar a presidência, Kweku e eu tentamos lhe incutir a ideia de que nós e nosso primo Zondwa deveríamos fazer nossa primeira viagem aos Estados Unidos.

Eu havia ido para Hong Kong com Mandla quando tinha 13 anos. Também havia passado seis semanas em Paris com Selema, meu amigo desde os tempos dos Cavalheiros. A mãe dele estava lá como a embaixadora da África do Sul, e se certificou que a viagem mantivesse um bom equilíbrio de passeios sensatos e experiência educativa. Eu achava que era um homem do mundo, bem capaz de me conduzir no exterior. Madiba não estava totalmente certo disso, então, quando lhe apresentamos a ideia, ele disse:

— Está bem, mas Mandla os acompanhará para cuidar de vocês.

Kweku e eu trocamos olhares. Isso era como pedir a um coiote para cuidar dos cães da pradaria, mas de qualquer forma iríamos andar nas montanhas-russas da Disneylândia, e isso era tudo que nos interessava.

— Legal! — dissemos. — Nós concordamos com isso.

— E vocês deveriam levar Mbuso e Andile — disse o Velho. — Assim também terão alguém de quem cuidar.

Por nós, tudo bem. Mbuso estava com 9 anos, era um irmãozinho fácil de agradar que faria o que lhe mandassem, e Andile, de 7 anos, faria o que Mbuso fizesse. Kweku, Zondwa e eu éramos

120

como os Três Mosqueteiros, e achamos que Mandla estaria preocupado com sua própria agenda, por isso teríamos bastante liberdade para fazer o que quiséssemos, desde que ficássemos de olho nos irmãos pequenos. Então todos nós fomos para os Estados Unidos.

Até certo ponto, estávamos certos em relação a Mandla. Ele tinha sua própria agenda, que não incluía ter três bobocas menores de idade constantemente a reboque. Ele apareceu para nossa grande "viagem de irmãos" com sua namorada, o que foi uma surpresa de último minuto e deveria ter sido nossa primeira pista de que a viagem não tinha a ver conosco. Deixamos aquilo passar até percebermos que ele estava com todo o dinheiro. E nos Estados Unidos você precisa de muito dinheiro. Ele não queria nos dar um centavo. Se quiséssemos um dólar para um sorvete, tínhamos de implorar-lhe, como se estivéssemos implorando para um rei. Deveríamos comprar roupas, mas quando chegou a hora para isso, Mandla disse para Kweku: "Você já gastou todo o seu dinheiro em CDs." Nós começamos a ver quanto Mandla estava gastando com sua namorada e soubemos que tínhamos sido totalmente enganados. Então a viagem acabou errada de algum modo. Esse foi o início do fim do meu relacionamento com meu irmão Mandla — não por causa do orçamento para a viagem, mas porque vi sua verdadeira face e percebi que ele não era o *Fresh Prince*, o maluco no pedaço, que eu havia idolatrado por tantos anos.

Mas fora isso, desde que os Três Mosqueteiros estivessem juntos, tudo estava bem, e realmente fomos para a Disneylândia. Esse foi o ponto alto. Mbuso e Andile estavam na idade certa para isso, e o bom de levar crianças para a Disneylândia é que você tem uma desculpa para agir como uma criança pequena. Nós fomos em todas as montanhas-russas, comemos besteiras e tiramos fotos com princesas. Toda aquela coisa da Disney. Foi maravilhoso.

A TRILHA PERCORRIDA

Então, perto do fim do dia, todos nós estávamos na fila esperando para entrar na Space Mountain. Para isso, primeiro tem de enfrentar uma fila aparentemente interminável, que a equipe de design da Disney tentou fazer parecer menos interminável com vídeos interessantes e exibições sobre o espaço e a ciência da exploração espacial. Kweku, Zondwa e eu estávamos assimilando tudo aquilo, realmente nos divertindo, quando o sujeito na nossa frente se virou e disse:

— Ei, de onde vocês são?

Acho que ele nos ouviu conversando, e não soávamos exatamente como o estadunidense comum.

— Somos da África do Sul — respondi, achando que ele estava sendo amigável.

— Uau — disse ele. — Então, quão grande os leões ficam?

— O quê? — No início Kweku e eu não entendemos.

— Os leões na África, o quanto realmente são grandes?

— Irmão, eu não trabalho no zoológico — respondi. — Como vou saber o quanto os leões são grandes?

Ele se virou sem responder a essa pergunta, mas eu já sabia a resposta. Nós éramos negros. Éramos da África. Devíamos ter sido criados na selva. Quero dizer, o que a África parece para você, se a está olhando através do caleidoscópio da Disney de cerca de 2001? Parece *Mogli: O menino lobo* e *O rei leão*. Balu e Mogli. Os macacos músicos de jazz que dizem "eu quero ser como você" e o rei leão que segura o bebê Simba enquanto todos os outros animais se ajoelham e cantam sobre o "ciclo da vida". Eu de fato acredito que aquele sujeito estava tentando ser amigável, conversando conosco, expressando um interesse em atravessar uma fronteira cultural e, se você tivesse lhe perguntado: "Você é racista?", a resposta teria sido um chocado e magoado: "Não! É lógico que não! Olhe para mim, conversando com negros na fila da Disneylândia! Isso não demonstra que não sou racista?"

122

Nem vou fingir que fiquei matutando sobre a ideia de microagressão passiva ou racismo endêmico sistêmico naquela idade, mas em pé na fila e mais tarde, voando pelo sistema solar na Space Mountain, algo começou a me incomodar. Algo no modo como a África era vista ao redor do mundo. Eu havia sentido isso em Hong Kong e em Paris, mas não pude identificar o que era. Agora estava sentindo nos Estados Unidos: uma dinâmica que meu cérebro adolescente resumiu a uma simples equação. No voo para casa, eu disse para Kweku:

— Aos olhos do resto do mundo, a África equivale a leões.

— E Joanesburgo equivale à violência — disse Kweku.

— Sério. Quando digo às pessoas de onde sou, elas dizem: "Ah, meu Deus, é tão perigoso lá! Há tantos crimes! Deve ser terrível." É sempre algo sobre safári ou crime. Essa é toda a concepção delas da África.

Concordamos em que tentar explicar isso para alguém na fila para a Space Mountain era uma causa perdida. Toda a bravata do Búfalo não o torna imune à picada de uma abelha. Morder seu oponente não torna você o campeão. Dizer a uma pessoa que ela está errada nunca na história do mundo convenceu alguém que você tem razão.

— *Ulwazi alukhulelwa* — dizem os antigos. — "Ninguém se torna grande alegando grandeza."

Kweku e eu sabíamos que ia demorar muito mais do que isso, mas levamos mais alguns anos para descobrir o que fazer a respeito.

7

Isikhuni sibuya nomkhwezeli.

"Quem brinca com fogo pode se queimar."

Não me leve a mal: adorei *O rei leão* e, falando sério, Mbuso e Andile eram capazes de assistir a esse DVD cem vezes seguidas e cantar todas as músicas de cor. O mesmo em relação a *Mogli: O menino lobo*, em menor grau. Sem querer ofender, Disney. Eu gosto principalmente daquela parte em *O rei leão* em que Simba, o leão adolescente (voz de Matthew Broderick, porque todos os atores negros aparentemente estavam indisponíveis naquele dia) busca o conselho de Rafiki, um velho e sábio babuíno (voz de Robert Guillaume).

— Eu sei o que tenho de fazer — diz Simba —, mas voltar significa enfrentar meu passado, e estou fugindo dele há muito tempo.

Bóim! Rafiki lhe bate na cabeça com um grande galho.

— Aii! — diz Simba. — Caramba! Para que isso?

— Não importa — diz Rafiki. — Ficou no passado.

— Sim, mas ainda dói — diz Simba.

— Ah, sim — diz Rafiki —, o passado pode doer. Mas, na minha opinião, você só pode fugir dele ou aprender com ele.

De certo modo, essa é uma reafirmação por parte da marca Disney das palavras do filósofo estadunidense nascido na Espanha George Santayana: "Aqueles que não se lembram do passado estão condenados a repeti-lo." Você definitivamente poderia aplicar isso ao colonialismo em geral e ao apartheid em particular. Em um nível mais pessoal, suponho que tem a ver com a bagagem que arrastamos em nossas vidas ou paramos por um momento para desfazer.

Não passávamos muito tempo falando sobre todos os nossos sentimentos enquanto eu crescia. Você fazia o que devia fazer, porque sempre havia muitas coisas mais importantes do que as suas, independentemente de quais fossem as suas. Aqueles anos ainda são um campo minado. Eu temo o dia em que Lewanika e Neema entrarão nessa fase em que pedirão meu carro emprestado, me criticarão e pensarão seriamente que sabem tudo. Mas sei que se não passarem por isso é porque há algo de errado com eles. Tudo que posso fazer é pegar carona com eles e tentar me lembrar de que muitas pessoas pegaram leve comigo quando eu estava nessa fase.

Meu pai morava perto, mas, no início, eu não o via com muita frequência. Minha mãe ainda estava um pouco à deriva, lutando contra o abuso de substâncias e lidando com questões pessoais. À medida que fui envelhecendo, comecei a processar todas as coisas que tinha visto e ouvido quando era pequeno — coisas que nunca havia realmente processado porque era jovem demais para entender o que estava acontecendo —, e isso era como quebrar de novo um osso que não cicatrizou corretamente.

Esse é o problema de uma cultura na qual as crianças não podem fazer perguntas. Quando finalmente elas crescem, descobrem que não têm nenhuma resposta.

Madiba estava consciente (se não exatamente sensível a isso) dos desafios e das mudanças que eu enfrentava como um adolescente, e se esforçou para me ajudar a passar por isso. Quando fiquei mais velho, me convidava para viajar com ele com mais frequência, e houve certa curva de aprendizado aí. Eu era tímido em relação às câmeras, mas fora isso ansiava por estar onde quer que estivéssemos, geralmente um lugar incrível. Lembro-me de ter ido a um jogo de futebol com ele, no final dos anos 1990 — acho que era África do Sul contra Holanda —, e enquanto Mike nos conduzia de carro para o campo, eu ficava cada vez mais empolgado em conhecer todos aqueles jogadores famosos. Quando o carro parou, apressei-me a abrir minha porta. Saí e o som daquela multidão me atingiu como uma onda gigantesca, uma enorme onda de energia, e depois a energia mudou quando as pessoas perceberam que eu não era Madiba. Foi como: *Ah, quem é esse cara? Nós queremos Mandela!* Mike também já estava fora do carro, pronto para abrir a porta de Madiba e me olhando como: *Rapaz, sério?*

— Desculpe-me, cara — disse eu. — Você se esqueceu de me dizer que eu deveria esperar.

Mike abriu a porta para Madiba e então a multidão enlouqueceu de verdade. Senti fisicamente aquela onda de amor vindo na direção de meu avô. Ele sorriu para mim e encolheu os ombros, apenas para me fazer ver que éramos legais, e depois fomos para a fileira de grandes jogadores. Fiquei extasiado com cada um deles, mas meu avô me apresentou com grande orgulho.

— Olá! Como vai? Este é meu neto, Ndaba. Ele fará o *matric* no ano que vem.

A TRILHA PERCORRIDA

Matric significa que é seu último ano do ensino médio. Nos Estados Unidos, você seria chamado de *senior*. Eu usava um uniforme na escola, certamente, mas me vestia bem em minhas horas livres. O estilo de Madiba era casual, mas marcante. Quando estava viajando, ele encontrava uma camisa de que gostava e comprava umas vinte delas de cores diferentes. Ele nunca usava camiseta, e tampouco meu irmão e eu, a não ser que estivéssemos em casa relaxando. Depois que o Velho usou a camisa do Springboks, em 1995, as pessoas começaram a lhe dar todos os tipos de camisas. De todos os times, aonde quer que ele fosse. Yankees. Chicago Bears. Tanto os estadunidenses quanto os portugueses lhe deram camisas durante a Copa do Mundo. Eram camisas superespeciais que sempre tinham "MANDELA" escrito nas costas. No final da minha adolescência, fiquei alto o suficiente para usá-las, e elas se tornaram uma parte essencial de meu estilo: um pouco de Def Jam, um pouco de ícone humanitário.

Eu estava aperfeiçoando minhas habilidades com as mulheres e, embora Madiba provavelmente não fosse a primeira pessoa que eu procuraria para conselhos sobre isso, ele me ofereceu algumas diretrizes. Em primeiro lugar, eu não tinha permissão para trazer uma garota para casa após o pôr do sol.

— Depois do *Ukwaluka* — disse-me. — Vá para a montanha. Então estará pronto para ser um homem. Então será apropriado que você traga uma garota para se juntar a nós no jantar e assim por diante.

Em segundo lugar, ele esperava que eu fosse extremamente seletivo em relação às garotas que escolhesse.

— Você deve namorar uma garota da sua classe — disse ele.

No início, interpretei isso muito literalmente. Pensei que ele estava dizendo que eu deveria namorar uma garota da minha turma na escola, mas quando refleti sobre isso, concluí que devia estar se referindo a uma garota com uma formação parecida. Então tentei pensar em qualquer garota no mundo que tivesse uma formação parecida com a minha e não fosse minha prima. Isso reduziu muito as possibilidades. Com o passar do tempo, à medida que eu ia namorando garotas diferentes e começava a experimentar mais o mundo, pouco a pouco percebi que ele queria que eu namorasse garotas por quem tivesse um genuíno respeito.

— Olhe — disse o Velho. — Você é quem você é. Algumas mulheres na África do Sul pensarão que isso o torna um prêmio. Você precisa de alguém que entenda suas experiências de vida, alguém que partilhe seus valores, alguém cuja ambição seja igual à sua. Uma igual. Uma parceira.

Tive uma incômoda sensação de que estava ouvindo o mesmo sermão que meu pai ouviu mil vezes. Pus um pouco de comida na boca e murmurei:

— Eu pensei que você não acreditava em casamentos arranjados.

— Não, eu disse que não queria me casar com aquela garota em particular. — O tom dele se tornou um pouco áspero, como se tornava quando não gostava de uma determinada linha de questionamento durante uma entrevista. — Os casamentos arranjados existem por um motivo, estaticamente são mais bem-sucedidos, porque você não se casa apenas com uma pessoa. Casa-se com uma família. É assim que o casamento é visto em nossa tradição. Primeiro é pai falando com pai, depois você conhece a esposa, e eles dizem, *bum*, você vai se casar. Eu fugi porque trocaram uma garota por outra.

— Talvez ela também não quisesse se casar com você.

— Talvez você tenha razão. — Ele deu de ombros. — Ndaba, ninguém está tentando lhe dizer com quem se casar. Ninguém está lhe dizendo o que fazer.

Isso me fez rir.

A TRILHA PERCORRIDA

— Vovô, você *sempre* está me dizendo o que fazer.

— Não, eu só insisto em que você faça seu melhor. E se o vejo fazendo algo estúpido, eu lhe digo: "Não faça isso!"

Esse tipo de conversa se tornou cada vez mais habitual. Nós nos sentávamos para assistir a um jogo de futebol ou uma luta de boxe, e por algum motivo toda a sabedoria dele em relação a tudo começou a me incomodar. Por exemplo, quando eu tinha 15 anos, ganhei um cachorrinho do motorista que me levava para a escola e realizava outras tarefas domésticas diárias. Era um poodle. A coisinha mais fofa. Eu estava com o cachorrinho há apenas um ou dois dias, mas tinha me apegado a ele. Havia me comprometido, e não só porque nada suaviza o coração de uma garota como um cachorrinho fofo. O Velho passou pelo meu quarto, me viu com o cachorrinho e imediatamente se opôs a isso.

— Ah, Ndaba. Um cão? Quem lhe disse que você podia ter um cão? Não, não, não. Essa coisa tem de ir. Livre-se dele imediatamente.

— Vovô, por favor — implorei-lhe. — Nunca lhe pedi para me deixar ter nenhum cão. Eu realmente quero muito, muito, ficar com este. Vou cuidar bem dele. Não vai haver nenhuma bagunça, barulho nem nada.

— Ndaba — disse Madiba —, está vendo este cão? Quando ele adoecer, você terá de levá-lo ao veterinário. Quando estiver com fome, terá de comprar comida para ele. Muitas pessoas não têm esses luxos, Ndaba. Agora, você quer dar isso a um cão? Veja quantas pessoas tratam seus cães melhor do que tratam outro ser humano. Nós não vamos manter um cão aqui.

Eu não tinha nenhum argumento pronto para tudo isso. Madiba me fez devolver o cão para o motorista, que encontrou outro lar para ele, mas fiquei arrasado. Sabia que meu avô não era moralmente contra uma pessoa ter cães. Ele conhecia muitas pessoas que os tinham — *sua amiga rainha Elizabeth? Alôô!* — e nunca havia julgado nenhuma dessa maneira. O resto do mundo podia ter quantos cães quisesse, mas eu, não. Nenhum cão para Ndaba. Fiquei zangado. Agora não consigo nem mesmo me lembrar do nome do cão. Só tive de me forçar a me separar dele. Aquilo me deixou louco.

Quando eu estava em meu último ano do ensino médio, senti-me compelido a discutir com o Velho, mas meu avô não gostava que discutissem com ele. Acho que já havia discutido o bastante em sua vida e estava cansado disso. Às vezes, eu sentia que circundávamos um ao outro como Holyfield e Tyson, avaliando nossos pontos fortes e fracos, testando nosso caráter. Às vezes discutíamos, e eu ia para a cama lamentando muito isso, mas quando nos levantávamos pela manhã, sempre era *mahlamba ndlopfu* — o banho dos elefantes —, uma nova alvorada. Mas isso não me impedia de polemizar no dia seguinte.

Quando nos mudamos para a segunda casa em Houghton, Graça concordou que os garotos mais velhos precisavam de um espaço deles. Por isso, enquanto uma nova construção era feita para esse fim, Mandla e eu ficamos na primeira casa. Esse era o arranjo perfeito para fazer uma garota se esgueirar para dentro, como se fosse minha casa e assim por diante, e meu avô não desconfiou disso. Até onde eu sabia. É óbvio que no momento você sempre deseja, espera e reza para sair impune. Mas um dia, quando Mandla veio da universidade passar o fim de semana em casa, me pegou transando com uma bela garota estadunidense. Qualquer um pensaria que Mandla ficaria do meu lado, mas, no final das contas, Mandla sempre ficava do seu próprio lado. Não queria que eu prejudicasse sua boa situação ou o fizesse ter problemas com o Velho. Ele realmente ficou furioso comigo. Como qualquer homem viril, eu estava tentando salvar a situação.

— Ora, vamos, irmão. Está de brincadeira comigo? Irmão, não estrague isso.

— Tire-a daqui! — Ele ficou pegando no meu pé a cada cinco minutos até eu ceder e mandar a garota para casa.

Pouco tempo depois, peguei o carro de Mandla emprestado sem pedir. Ele ficaria fora no fim de semana e não pude me conter. Era um Toyota Tazz prata que o Velho lhe comprou em uma viagem ao exterior. Todo personalizado, com rodas de liga de 40 cm, jogo de rodas BBS, janelas escuras e quatro alto-falantes Rockford Fosgate de 30 cm. Top de linha. Ele literalmente transformou todo o porta-malas em um gigantesco alto-falante. Então eu me senti bastante satisfeito andando no Tazz. Infelizmente, um dos amigos de Mandla me viu e telefonou para ele. *Flagrado!*

Quando Mandla voltou, eu estava assistindo TV com um dos meus amigos. Mandla estava transtornado, e a briga se tornou física. Ele me bateu bem na frente de sua namorada! Meu amigo ficou tão assustado que foi embora, me deixando para ser surrado. Mandla me deu um soco na cara e me deixou com um olho roxo que me fez parecer um tipo de mutante durante uma semana inteira. Obviamente eu não podia contar ao Velho toda aquela história, por isso tive de inventar uma lorota qualquer. Porém, nunca fui bom em mentir para ele, então fiquei sentado lá me sentindo como se o olhar do meu avô estivesse enviando raios laser através do meu cérebro.

Eu estava farto daquilo. De tudo aquilo. Não só por causa desse incidente ou do cão — mas de tudo. Comecei a pensar na casa do meu pai, a apenas cinco minutos dali, onde eu podia ir e vir quando quisesse e ninguém me conheceria ou ligaria. Havia uma cabana nos fundos onde eu poderia receber uma garota se meu pai saísse com os amigos. Eu não só pedi ao meu pai, como lhe disse:

— Ei, vou me mudar para sua casa. — Mas você não dizia para o Velho algo assim. Você pedia. Uma noite fui ao escritório dele e disse:

— Vovô, tudo bem para você se eu ficar com o meu pai por algum tempo?

Ele ergueu os olhos do livro que estava lendo. Não pareceu surpreso. Não me perguntou por que eu queria ir embora. Não argumentou que eu deveria ficar.

— Eu sempre me senti desapontado por não ter sido mais próximo do seu pai — disse ele.

— Mas para ele e para mim — disse, arriscando-me — talvez não seja tarde demais.

Ele assentiu.

— O que quer que você escolha fazer, Ndaba, saiba que esta é sua casa.

— Eu sei, vovô. É só por um tempo.

Saí de lá achando que finalmente estava livre, e aquilo parecia ótimo. Ninguém ficaria me vigiando, me dizendo que eu não estava me saindo bem o suficiente e para limpar meu quarto ou guardar minhas coisas. Uma senhora vinha fazer a limpeza para nós. A vida na casa do meu pai era bastante agradável: passear, fazer o que eu quisesse e não fazer nada que eu não quisesse. Pobre Kweku, pensei. Tia Maki o fazia trabalhar, estudar e realizar tarefas domésticas enquanto meu pai e eu relaxávamos na beira da piscina. Meu pai chegava em casa do trabalho, ouvia jazz no aparelho de som, tirava as calças e a camisa e vestia shorts ou pijama. Naquela época, ele tinha uma amiga — acho que diríamos que era uma "amizade colorida" — que vinha de vez em quando cuidar de suas necessidades masculinas. Ela não era linda de acordo com os padrões, mas parecia inofensiva, e, de qualquer modo eu não me importava muito com o que eles faziam.

Três dias por semana, uma senhora vinha cozinhar para nós. No resto da semana, pedíamos quentinhas. Eu nunca havia pedido uma quentinha na casa de meu avô. O Velho não tinha tempo para isso. Queria a boa e velha comida caseira todos os dias. Mama Xoli e Mama Gloria se encarregavam de tudo, não importava se ele estava trabalhando até tarde ou quantos membros aparecessem para o café da manhã, o almoço ou o jantar. Na casa de meu pai, geralmente era apenas ele e eu, e às vezes meus irmãos ou alguns amigos, relaxando na beira da piscina. Ninguém me fazia preleções sobre política ou história. De fato, não falávamos sobre muitos assuntos.

— Rapaz, eu adoro cerveja sul-africana — disse meu pai. — Leve, limpa, nunca amarga. Como uma boa mulher. — Ele riu e pensei: *Ah, sim. Isso vai dar certo.*

Eu não bebia com meu pai, mas ele sabia que eu bebia. Uma noite, Kweku e eu saímos, ficamos bêbados e chegamos cambaleantes lá pelas 4h30 da manhã. Papai estava acordado assistindo a uma luta de Mike Tyson. Tentamos esconder nossa embriaguez, mas não muito bem. Meus soluços me traíram. Lembro-me vagamente de ele ter uma conversa sobre a luta com Kweku. Eu mal conseguia me levantar. Aquela vozinha na minha cabeça disse: "Hora de dormir, amigo." Eu cambaleei para o meu quarto e apaguei.

Meu pai era solidário quando se tratava de meus problemas de adolescência com Mandla.

— Eu perdi a fé nele. É um pirralho mimado — disse ele. — Seu irmão é egocêntrico. Tentei influenciá-lo de outra forma, mas não consegui. Ele não ouve ninguém. — Mandla estava ansioso para se casar, mas tanto meu pai quanto o Velho lhe deram o mesmo conselho: "Não se apresse. Termine sua faculdade primeiro." Mandla não quis ouvi-los. Foi em frente com o casamento, embora eu fosse o único membro da família a comparecer. Quando as pessoas me questionaram sobre isso, repeti a mesma história malcontada de que eles estavam viajando ou algo no gênero. Quando tentei falar com meu pai, ele disse: "Apenas se concentre em seus estudos. Você pode terminar a faculdade antes de Mandla." No início, foi bom saber que ele estava do meu lado, mas isso foi ficando desconfortável. Eu teria ficado mais feliz se nós três pudéssemos relaxar na beira da piscina.

Meu pai me encorajava a ser bem-sucedido na escola, mas não me vigiava o tempo todo. Se eu saía à noite e farreava demais, ele não esperava que eu saísse da cama de manhã para me exercitar, fazer minha cama e sair na hora certa para a escola. A bagunça no meu quarto era da minha conta e a bagunça no quarto do meu pai era da conta dele. Era mais como o pai cordial e pacato de que eu me lembrava da infância, quando morávamos com vovó Evelyn no Cabo Oriental e eu podia parar na mercearia para pegar chocolate, salgadinhos ou o que quisesse. Meus amigos e eu passamos muitas ótimas noites boiando na piscina e nos embebedando. Festejávamos todos os fins de semana. Relaxei bastante nos estudos, faltando a mais aulas do que ia, e isso se refletiu nas péssimas notas que obtive. Quando saiu o boletim seguinte, fiquei feliz pelo Velho não estar por perto. Achei que podia contar com meu pai para segurar a barra, mas não.

— Ndaba, você tem de se sair melhor — preveniu-me ele. — Eu aguentei anos de sermões sobre meus próprios estudos. Não preciso que o Velho fique pegando no meu pé por causa dos seus.

Eu sabia que ele estava falando sério, mas também sabia que não faria nada para encurtar minhas rédeas, então tudo bem. Tia Maki ficou feliz por meu pai e eu finalmente estarmos tentando construir um relacionamento. Ela o incentivou a me contar mais sobre sua própria infância, que foi bastante complicada. Madiba e vovó Evelyn se divorciaram quando meu pai tinha 8 anos, em grande parte porque vovó Evelyn tinha se tornado uma fervorosa testemunha de Jeová e não queria se envolver com o CNA. Ela acreditava que Madiba deveria deixar Deus corrigir os erros do mundo e não queria viver sob constantes ameaças. Odiava estar sempre fugindo e se escondendo de autoridades. Desde o início da escola primária, meu pai, seu irmão mais velho Thembi e sua irmãzinha Maki tiveram de adotar nomes falsos para ir para a escola, sabendo que nunca deveriam contar a ninguém quem realmente eram.

Mesmo depois que Madiba se casou com Mama Winnie, a polícia importunava Evelyn, porque ela era a primeira esposa e mãe dos três filhos mais velhos dele. Madiba era o Inimigo Público Número Um, e eles estavam loucos para encontrá-lo. Finalmente vovó Evelyn fugiu com seus filhos para Essuatíni, onde eles viveram como refugiados até Madiba ser encontrado e preso. Meu pai tinha 12 anos quando prenderam Madiba. Ele tinha 19 anos quando Thembi morreu.

— Depois que Thembi morreu — disse-me meu pai —, recebi uma carta de seu avô. Ele disse: "Odeio dar sermões, Kgatho, mas seu irmão mais velho se foi e agora você deveria fazer melhor!"

Eu poderia ter rido da ideia do Velho evitando dar um bom sermão, mas como tinha passado a conhecer meu pai, estava começando a chegar a uma conclusão desagradável: meu avô fracassara com meu pai do mesmo modo como meu pai fracassara comigo. Eu havia visto aquela carta relativamente pouco tempo atrás. Está anexada no livro de Madiba, *Conversas que tive comigo*. Eu a achei impressionante por vários motivos: o tom, o conteúdo e o momento — quinze dias após a morte de meu tio Thembi —, mas também a premonição. Naquele exato momento no tempo, havia muito pouca esperança do próprio Madiba de ter qualquer futuro além de Robben Island, mas ele expressou uma visão do futuro otimista e prudente, e estava determinado a ver meu pai encontrar um lugar nele.

NDABA MANDELA

28 de julho de 1969

Odeio dar sermões, Kgatho, até mesmo para meus próprios filhos, e prefiro discutir qualquer assunto com todos em uma base de perfeita igualdade, na qual minhas opiniões são oferecidas como conselhos, os quais a pessoa afetada é livre para aceitar ou rejeitar. Mas eu estaria faltando ao meu dever se não salientasse que a morte de Thembi traz uma pesada responsabilidade para seus ombros. Agora você é o filho mais velho, e será seu dever manter a família unida, dar um bom exemplo para suas irmãs e ser um orgulho para seus pais e todos os seus parentes. Isso significa que você terá de se esforçar mais em seus estudos, nunca se permitir ser desencorajado por dificuldades ou revezes, e nunca desistir da batalha nem mesmo na hora mais sombria.

Então nenhuma pressão, certo?

Lembre-se de que vivemos em uma nova era de avanços científicos, o mais surpreendente sendo o recente pouso do homem na Lua. Esse é um evento sensacional que enriquecerá o conhecimento humano do universo e pode até mesmo resultar em uma mudança ou modificação de muitos pressupostos básicos em muitos campos do conhecimento. A geração mais nova deve treinar e se preparar para entender facilmente as amplas repercussões dos avanços na área espacial. Essa é uma era de intensa e terrível competição em que as melhores recompensas estão reservadas àqueles que passaram pelo mais rigoroso treinamento e obtiveram as mais altas qualificações acadêmicas em seus respectivos campos. Hoje, as questões que agitam a humanidade exigem mentes treinadas, e o homem deficiente nesse aspecto é prejudicado porque não possui as ferramentas e o equipamento necessários para garantir o sucesso e a vitória no serviço ao país e às pessoas.

A TRILHA PERCORRIDA

Levar uma vida regrada e disciplinada, renunciar aos prazeres reluzentes que atraem o rapaz comum e trabalhar duro e sistematicamente em seus estudos durante todo o ano no final lhe trarão cobiçados prêmios e muita felicidade pessoal. Isso inspirará suas irmãs a seguir o exemplo do amado irmão, e elas se beneficiarão muito com seu conhecimento científico, sua vasta experiência, sua diligência e suas conquistas. Além disso, os seres humanos gostam de se associarem a uma pessoa trabalhadora, disciplinada e bem-sucedida, e, cultivando cuidadosamente essas qualidades, você conquistará muitos amigos.

O mais estranho nessa carta é que vejo tanto o homem que fracassou em criar meu pai quanto o homem que foi bem-sucedido em me criar. Sei que meu avô ficou arrasado com a morte de Thembi. Sei que sofreu de um modo inimaginável. Ele tinha de saber que meu pai estava enfrentando o mesmo luto debilitante. Não podia ter encontrado uma palavra de conforto para oferecer? Ou isso teria rompido uma barreira que impedia que seu próprio luto o matasse? Ele foi forçado a manter esse foco frio no futuro para poder fisicamente continuar a lutar? Se esse foi o caso, embora eles pudessem não saber disso na época, não era por meu pai que Madiba estava lutando. Era por mim.

O apartheid não libertou espontaneamente suas últimas gerações. Elas saíram dele livres, mas com feridas profundas. Você não pode quebrar as mãos de um homem e depois lhe dizer: "Ei, você ainda tem dedos dos pés, não é? Então, se você se esforçar o suficiente, ainda poderá ser um pianista concertista." As oportunidades disponíveis para mim nos primeiros trinta anos da minha vida e as oportunidades disponíveis para meu pai nos primeiros trinta anos da vida dele não chegam nem perto de estar na mesma estratosfera. Aprendi muitas lições de vida importantes com meu avô, mas eis algo que aprendi com meu pai:

ninguém que nasceu com menos oportunidades do que você lhe pede sua piedade. Não precisa de sua caridade. Pede-lhe respeito, um sincero reconhecimento da montanha que já escalou para sobreviver até o ponto em que outros começaram.

Todos nós precisamos e merecemos a mesma coisa: uma cota justa de oportunidades para realizar todo o nosso potencial. Mesmo se for verdade que todos os homens são criados iguais, o mundo rapidamente inclina a balança para alterar essa igualdade. Dois boxeadores do mesmo nível não estão em uma luta justa se um deles tem um bloco de cimento acorrentado a seu tornozelo. Se sua única oportunidade de sobreviver é pegar o bloco e usá-lo como uma arma, por que alguém deveria ficar surpreso se o fizesse? A Comissão da Verdade e Reconciliação foi um enorme passo adiante para o povo da África do Sul. Em minha opinião, nós nos ocupamos do aspecto moral do apartheid, mas ainda temos de abordar o aspecto econômico.

A Lei de Educação Bantu de 1953 foi apresentada ao parlamento pelo Dr. Hendrik F. Verwoerd, ministro dos Assuntos Nativos, como uma medida tanto cristã quanto compassiva: "Não há nenhum espaço para um não branco na Comunidade Europeia além de certas formas de trabalho... Até agora ele foi submetido a um sistema escolar que o afastou de sua comunidade e o enganou, mostrando-lhe os pastos mais verdes da sociedade europeia em que não tinha permissão para pastar."

Toda a questão bantu promoveu uma imagem dos indivíduos negros africanos como selvagens pagãos que deveriam ser firmes mas amorosamente domesticados e cristianizados por seus benfeitores brancos, e muitas pessoas ainda veem as coisas assim. Em janeiro de 2018, Donald Trump, o então presidente dos Estados Unidos, fez referência a "países de merda" na África, dizendo que o povo nigeriano nunca "voltaria a seus barracos" se tivesse oportunidade de viver nos Estados Unidos. É praticamente impossível assistir à televisão durante quinze minutos sem ver um apelo de uma ONG mostrando crianças com olhos arregalados e barrigas inchadas, propagando a ideia de que a reação adequada a isso é uma doação para sua causa, em vez de uma correção dos erros políticos e socioeconômicos que continuam a espoliar os diamantes, o ouro e o petróleo do continente mais rico deste planeta.

Meu pai recebeu uma enorme oportunidade de mudar suas condições na última parte de sua vida, mas centenas de milhares de pessoas educadas no sistema bantu — que treinava descaradamente os indivíduos negros para serem uma classe servil aos brancos — ainda estão na força de trabalho fazendo exatamente o que o sistema bantu os programou para fazer e se vendo exatamente como o sistema bantu os programou para se verem. E se você acha que o desmantelamento legislativo do sistema bantu — ou da segregação em geral — nega magicamente seus efeitos culturalmente tóxicos de longo alcance, devo lhe perguntar: qual o tamanho dos leões no seu bairro?

Nós fugimos do passado ou aprendemos com ele. Durante aquele curto período em que morei com meu pai, eu ainda estava fugindo do meu passado. Só não fugi rápido o suficiente.

Para absorver todo o impacto de A História do Épico Colapso de Ndaba, você deve entender que meu avô infalivelmente lia os jornais africanos todas as manhãs. Todos os oito jornais regionais. Do início ao fim. Todos os dias. Depois do café da manhã, ele se sentava na sala de estar em sua poltrona favorita. Eu sempre podia me juntar a ele se quisesse, mas não podia apenas ler a seção de esportes ou a página de histórias em quadrinhos; tinha de ler todo o jornal, e, quando acabasse, tinha de entregá-lo. Ocasionalmente ele indicava um artigo a respeito de um evento sobre o qual achava que eu deveria saber ou respondia em voz alta a um editor, concordando com grande entusiasmo ou discordando com grande veemência. Ele também assistia ao noticiário local todas as noites, e esse hábito ainda está arraigado em mim. Até hoje, apesar do fluxo constante de notícias em meu smartphone, não me sinto muito bem se não assisto ao noticiário noturno na TV.

Mas os jornais... Eles são fundamentais para essa história.

Uma tarde, eu estava ao ar livre aproveitando o tempo agradável e fumando um belo e grande baseado com alguns colegas a uns três quarteirões de nossa escola. Uns caras passaram, e reconheci um deles como sendo um aluno da 11ª série com quem Zondwa tinha uma rixa na época. Pensamos em nos esconder, mas havíamos visto o mesmo sujeito recentemente em uma festa — nada menos que na casa da irmã dele. Estou falando de bongs (também conhecidos como bongos ou purificadores), funis de cerveja enquanto seguram você de cabeça para baixo, esse tipo de coisa. Alguém disse: "Ele não iria nos dedurar depois daquela bebedeira, não é?" E todos nós concordamos: "Não, não. É óbvio que não." Mas é óbvio que ele dedurou. Suponho que aqueles caras acharam que nos dar uma surra daria muito trabalho e provavelmente não terminaria bem para eles, mas podiam nos ferrar seriamente se fossem para a escola e avisassem às autoridades que eu estava a apenas alguns quarteirões na rua fumando um baseado. No dia seguinte, fui tirado da aula de história e questionado sobre o incidente. Permaneci em silêncio, mas alguns desses outros colegas não aguentaram a pressão e sobrou para todo mundo. Pegamos uma "suspensão de expulsão ", que significa que você é enviado para casa por uma semana e, quando volta, a mínima infração, até mesmo o mínimo descumprimento das regras, significa expulsão imediata.

Naquela época, eu estava morando com meu pai, e meu pai foi um moleque que cresceu na rua e sabia das coisas. Ele não ficou furioso comigo. Ficou irritado com o problema logístico, mas não zangado. Provavelmente não muito surpreso.

— Sério, Ndaba? — Ele revirou os olhos. — Está bem. Vamos resolver isso. É uma situação complicada, mas vamos resolver. Vou à escola lidar com isso. Tudo bem. O principal é que não vou deixar seu avô ficar sabendo.

Naquele fim de semana, foi publicado no jornal de Joanesburgo que um neto do ex-presidente Nelson Mandela se envolveu em um incidente relacionado com drogas e foi expulso da escola. Eles não disseram meu nome e vários dos meus primos frequentavam a mesma escola, mas eu já era conhecido por fumar maconha, por isso a bomba estava prestes a estourar. Meu pai tentou interferir. Ele procurou a secretária de meu avô, defendendo meu caso. "Zelda, por favor. Ele é um bom garoto. Só fez essa besteira dessa vez. Não há nenhuma necessidade de aborrecer o Velho." Meu pai fez tudo que pôde para Madiba não ler aquele jornal em particular, mas sabia que iria lê-lo. Ele lia todos os jornais. Do início ao fim. Todos os dias. Eu sabia que teria de contar para meu avô, o que de certo modo me deixava feliz, porque tentar esconder isso parecia terrível. O único modo de encerrar o assunto era enfrentá-lo, e eu queria desesperadamente encerrá-lo.

— Ah, Ndaba. — Ele estava sentado em sua cadeira com o jornal dobrado entre as mãos. — É verdade?

— Sim, vovô.

Era difícil encontrar palavras para explicar a situação sem parecer que eu estava tentando fugir dela. Meu avô não tinha tempo para pessoas que tentavam arranjar desculpas. Ele ficou sentado em sua cadeira ouvindo daquele seu modo compenetrado enquanto eu contava toda a sórdida história.

— Vovô, sinto muito.

— Ah, Ndaba, não acredito nisso. Estou chocado. Isso não é digno de você.

— Eu sei, vovô. Sinto muito.

— Não acredito que você faria uma coisa dessas. Está levando sua vida a sério? Entende as oportunidades que lhe são oferecidas por causa do seu nome? Há oportunidades de ajudar pessoas, realizar grandes feitos, e há oportunidades iguais de reduzir tudo isso a cinzas. De humilhar as pessoas que o amam e se importam com você. Seu nome é seu nome, mas quem é *você*? Você tem uma escolha. Em todos os minutos do dia, a escolha é sua.

Ele estava zangado, mas, mais do que isso, profundamente desapontado. Depois de algum tempo, disse-me para ir. Sair daquela sala deixando meu avô com aquela expressão de tristeza no rosto me fez sentir como se eu tivesse levado um soco na garganta. Mas eu estava determinado a consertar aquilo. Para começar, passaria em meu *matric*. Depois iria para a montanha e me tornaria um homem aos olhos dele. Meu avô se orgulharia de mim. Eu me redimiria. Nesse meio-tempo, ficaria quieto. Permaneceria fora do radar. Tentaria não causar problemas.

O *matric* não foi um estrondoso sucesso, mas passei raspando e pensei: *É assim que as coisas são.* Minha pontuação não foi alta o suficiente para entrar na Universidade de Cape Town, que teria sido minha primeira escolha. Eu não fazia ideia do que poderia estar interessado em estudar em uma universidade alternativa, por isso tentei convencer meu avô da ideia de um ano sabático, mas ele se opôs firmemente a isso.

— Não, não, não — disse-me ele. — Primeiro a educação. Não brinque com isso.

— Vovô, todos os meus amigos vão tirar anos sabáticos, viajar para o exterior, ser mochileiros, trabalhar.

— Bem, talvez eles possam se dar a esse luxo.

— Se você me deixasse arranjar um emprego, eu mesmo poderia pagar a viagem!

— Eu quero dizer se dar ao luxo de ficar um tempo sem estudar. Evidentemente você não pode.

A contragosto, fui para a Rand Afrikaans University e, sem muito entusiasmo, comecei a cursar psicologia. Concluí que aquilo não era para mim e troquei para matemática e contabilidade. Não era para mim. Entrei para a política, o que era mais interessante, mas não tanto quanto ir a boates, dormir até tarde e flertar com garotas bonitas dispostas a fazer meu dever de casa. Eu quase nunca ia a uma palestra e nunca entreguei um trabalho, mas fiz muitos amigos e muitos amigos de amigos, inclusive Trevor Noah, que estava apresentando um programa de rádio e trabalhando como ator em uma novela. Eu achava aquilo legal, mas não estava muito motivado. Disse a mim mesmo que, se o Velho não ia me dar um ano sabático, eu bem que podia me dar.

Durante a semana, eu morava em uma residência estudantil, e os fins de semana eram para diversão. Por isso eu não ia para casa com muita frequência, mas, quando ia, era para Houghton. Meu pai sempre saía com os amigos nos fins de semana e não ficou chateado em me ver voltar a morar com Madiba e Graça. Como sempre, Mama Xoli ficou feliz em me ter de volta. O Velho me deu um carro — o pequeno hatch mais barato do mercado —, mas o tomou de volta quando chegou o boletim do primeiro período.

— Sem mais privilégios — disse ele. — Ndaba, isso não é aceitável.

De seis matérias, eu havia feito apenas a prova de uma. Tinha tirado um F7, o que significava que não me seria permitido voltar. Acontece que você tinha de ter um nível mínimo de créditos para estudar na instituição. Eu nem sabia disso. Para você ver como eu estava interessado. Minha principal preocupação era aproveitar as férias. Estava passeando alegremente com meu amigo Selema quando recebi um telefonema de Zelda, a secretária. Madiba a havia incumbido de marcar uma reunião com o diretor. Eu deveria estar presente, vestido adequadamente, e implorar por perdão e prometer agir com responsabilidade. A reunião correu como ele pretendia. A contragosto, voltei para o segundo semestre e ele me vigiou à distância.

— Onde está seu boletim? Você fez sua prova de cálculo? Quando posso ver suas notas? Isso não é aceitável, Ndaba! Você é capaz de muito mais. — E assim continuou, enquanto eu jogava um tipo elaborado de jogo dos copos, tentando lhe mostrar apenas as notas de aprovação. Quando ele pegava no meu pé, eu dizia:

— Por que eu tenho de fazer o que me mandam? Onde nós todos estaríamos agora se você sempre tivesse feito o que lhe mandaram?

Quando eu dizia coisas assim, o Velho ficava sentado lá ouvindo daquele seu modo calmo e silencioso. Não se dava ao trabalho de me mostrar a diferença entre sua resistência e minha rebeldia. Talvez ele soubesse que eu estava prestes a descobrir sozinho que resistência do modo certo, nos momentos certos e pelos motivos certos nos fortalece, enquanto rebeldia ostensiva, egoísta e movida pela raiva nos torna fracos. Eu ainda não havia descoberto que se sua liberdade o leva para uma prisão de preocupação e caos, provavelmente você não a está usando correto.

Logo antes de eu completar 18 anos, meu pai procurou Madiba para tratar de toda a questão da ida para a montanha. Eu não

A TRILHA PERCORRIDA

presenciei aquela conversa. Estava vendo TV quando Mandla veio e disse:

— Seu pai e eu decidimos que está na hora de você ir para a montanha. Você vai na semana que vem. — Simples assim. É como eles fazem. Não querem que você pense muito sobre sofrer um corte em seu pênis. Essa é uma ideia desanimadora. Difícil de encarar. Isso não estava no topo da lista de coisas que queria fazer. Meu aniversário é em dezembro, e a maioria dos meus amigos na época era dos povos zulu e sotho, povos que haviam se afastado dessa tradição em particular e realmente não a seguem mais. Então todos eles sairiam de férias e eu iria para a montanha ter o meu pênis cortado. Eu me sentia ambivalente em relação a isso, como qualquer homem jovem se sentiria, mas sabia que era indiscutível. Se os homens da minha família decidiram que era minha hora de ir, era minha hora de ir.

Meu pai entrou no escritório de Madiba e ficou lá por um longo tempo. Longo o suficiente para eu pensar sobre isso. Sabia o que significaria para meu avô e a importância que tinha para todos de nossa família. Não seria tão ruim. Eu poderia trazer garotas para almoçar. Poderia ir e vir quando quisesse. O Velho, meu pai e Mandla teriam de me respeitar como um igual. Isso poderia ser do meu interesse. O respeito. Respeito seria bom, concluí.

Meu pai saiu do escritório de Madiba e não parecia feliz.

— Seu avô falou que você não vai — disse-me.

— O quê?

— Ele disse não. Falou: "Esse garoto não está pronto." Então é isso.

E foi isso. O Velho não ia mudar de ideia. Meu pai e Mandla não poderiam me levar de qualquer maneira, porque meu avô certamente descobriria e seria pior.

Era como: "Ah, bem. Se é isso que o Velho diz, temos de respeitar a decisão dele." Eu não vou mentir. Minha reação inicial foi: *Siiiim! Obrigado, meu Deus!* Um grande alívio. Mas durante minhas férias — o ponto alto de meu aniversário de 18 anos, quando você tem todo o tipo de festas e ninguém ameaça seus genitais com um instrumento afiado — comecei a me sentir estranhamente desapontado. Sabia que meus primos da minha idade e todos em Qunu esperariam que eu estivesse lá e perguntariam por que não estava. Eu não sabia como explicar isso. Pensei nos iniciados se reunindo ao anoitecer nos prados ondulados. Quase podia ouvir a música.

8

Intyatyambo engayi kufa ayibonakali.
"A flor que nunca morre
é invisível."

Em meus tempos de escola, eu não era um grande leitor. Além da leitura pedida pelos professores, eu lia revistas em quadrinhos. O primeiro livro que realmente devorei foi *O alquimista*, de Paulo Coelho. Tia Maki o deu para mim quando eu estava no ensino médio, em uma época em que as coisas estavam saindo um pouco dos trilhos e as pessoas que me amavam começavam a se preocupar.

— É sobre um pastor que parte em busca de um grande tesouro que lhe foi revelado em um sonho — disse ela.

Mas, é lógico, se você leu o livro sabe que é sobre muito mais do que isso. A busca do pastor me deixou interessado, mas foi o significado mais profundo dessa história que produziu um eco em mim que se recusou a desaparecer. Naquela época, eu quase nunca terminava um livro, mas terminei esse porque gostei de como abordava a forma como tratamos os outros e interpretamos nossos próprios sonhos e nossas aspirações, que são chocantemente fáceis de descartar. A jornada do pastor era a jornada da minha própria vida. Eu pude ver isso até mesmo naquele momento.

No início de *O alquimista*, o jovem Santiago adormece em uma igreja abandonada e sonha com um tesouro escondido perto das pirâmides no Egito. E ele está determinado a encontrá-lo. Um amigo ancião o apresenta à ideia da Lenda Pessoal — sua bênção, seu caminho, sua paixão — e diz que todas as crianças conhecem suas Lendas Pessoais, mas, enquanto crescemos, as pessoas constantemente nos dizem que nossa busca é tola, impraticável ou além de nosso alcance. E então, quando ficamos mais velhos, cobrimos essas dúvidas com "camadas de preconceito, medo e culpa", até a Lenda ser esmagada no canto mais distante e escuro da alma. Invisível. Não ouvida. Mas ainda pode ser sentida. Ela ainda está lá.

Depois de meu desastroso "ano sabático", eu me vi de volta em casa com meu avô, examinando minhas opções. Ele sugeriu que eu voltasse para a escola secundária, ao ponto em que as coisas saíram dos trilhos. Essa ideia não foi particularmente atraente para mim.

Eu disse para a tia Maki:

— Eu me sinto um idiota voltando para repetir meu último ano do *matric*.

— Você não vai repeti-lo — disse ela. — Dessa vez vai fazê-lo de um modo diferente. Se for esperto.

— Eu poderia refazer meu *matric* — disse eu. — Sei que poderia obter uma nota mais alta. Então poderia ir para Cape Town, como eu queria desde o início.

Decidimos que o melhor a fazer era ir para Damelin College e refazer aquele último ano do ensino médio. Concordei com isso porque Damelin não era a típica escola sul-africana extremamente rigorosa em que você tem de seguir um monte de regras de acordo com a religião que a dirige. Em Damelin, você podia fazer o ensino médio, cursos de nível superior ou uma combinação de ambos. Podia usar o que quisesse e fumar no pátio nos intervalos. Muitos jovens "problemáticos" eram enviados para lá. Sim, vamos usar a palavra "problemáticos" porque seria errado dizer "maus" ou "fracassados". Não acredito que todos que fracassam são automaticamente maus, e estou certo de que muitos maus garotos passam pela escola sem nunca dar um passo em falso.

De qualquer maneira, Damelin foi uma boa escolha para mim. Eu me saí muito melhor no *matric*. Obtive pontos suficientes para ir para a universidade em Pretória, que é conhecida por seu departamento de Política e Relações Internacionais. Eu havia ficado cada vez mais fascinado pelo mundo da política, sentado com meu avô, lendo o jornal e ouvindo a opinião dele sobre a volatilidade das relações globais.

No final de 2002, o então presidente dos Estados Unidos, George W. Bush, havia basicamente mandado às favas o Conselho de Segurança da Organização das Nações Unidas (ONU). Ele afirmou que o Iraque estava desenvolvendo armas de destruição em massa (ADMs) e usou isso como justificativa para iniciar uma invasão em grande escala no Iraque, embora os inspetores do Conselho de Segurança da ONU dissessem que não havia nenhuma evidência de que o Iraque possuía ADMs. O secretário-geral das Nações Unidas na época era Kofi Atta Annan, um diplomata de Gana. O Velho levou isso para um lado muito pessoal.

A TRILHA PERCORRIDA

Ele disse:

— Eu me pergunto se Bush achou mais fácil ignorar as Nações Unidas porque o atual secretário-geral é um homem africano.

— Vovô, se eles invadirem, isso significará que os Estados Unidos e o Reino Unido, porque é Blair também, não são mais aliados da África do Sul?

— Os Estados Unidos da América são um grande país. Nós temos muitos, muitos amigos lá e no Reino Unido, mas sejamos realistas: os Estados Unidos cometeram atrocidades e nunca demonstraram um pingo de arrependimento por isso. Pense nas bombas atômicas em Hiroshima e Nagasaki. Ndaba, para quem você acha que aquelas bombas realmente eram?

— Para a União Soviética.

— Sim! A intenção era dizer: "Ei, vejam o que acontece se você tem objetivos contrários aos nossos." Eles são muito arrogantes... não o povo, mas o governo... e matariam pessoas inocentes para demonstrar seu poder para o resto do mundo.

Em janeiro de 2003, Madiba fez declarações na TV nacional e no rádio, e um discurso inflamado para o Fórum Internacional das Mulheres. Ele estava zangado e não se conteve. Quando assisti ao discurso no YouTube, vi o pugilista nele se manifestar. O quebrador de pedras. O defensor da liberdade.

— George Bush e Tony Blair estão solapando uma ideia apoiada por seus predecessores — disse Madiba. — Eles não se importam. É porque agora o secretário-geral das Nações Unidas é um homem negro?

O grande público aplaudiu.

— Eles nunca fizeram isso quando os secretários-gerais eram brancos. Qual é a lição que tiramos de eles agirem fora das Nações Unidas? Estão dizendo que qualquer país que acredite que não será capaz de obter apoio dos outros países está autorizado a agir fora das Nações Unidas e ignorá-la? Ou estão dizendo "Nós, os Estados Unidos da América, somos o único superpoder no mundo agora. Podemos agir como quisermos"? Eles estão dizendo que isso é uma lição que deveríamos aprender? Ou estão dizendo "Somos especiais. O que fazemos não deveria ser feito por ninguém"?

Ele apresentou sua teoria sobre Nagasaki e Hiroshima, e praticamente afrontou George W. Bush.

— Quem são eles agora para bancar a polícia do mundo? O que estou condenando é que esse poder nas mãos de um presidente que não tem visão e é incapaz de pensar corretamente está agora prestes a mergulhar o mundo em um holocausto. E eu estou feliz por as pessoas do mundo, especialmente as dos Estados Unidos da América, estarem se levantando e se opondo a seu próprio presidente. Espero que essa oposição um dia o faça entender que ele cometeu o maior erro de sua vida tentando promover uma carnificina e policiar o mundo sem nenhuma tutela do organismo internacional. Isso é algo que devemos condenar sem pensar duas vezes.

No dia seguinte, o discurso estava em toda a internet. Naturalmente as manchetes ressaltavam os comentários mais duros, mas o Velho não se importou. Não se arrependia de nenhuma palavra. Ele me disse que George H. W. Bush — o ex-presidente, pai de George W. — lhe telefonou naquela noite.

— O que ele disse? — perguntei.

— Ah, ele me pediu de um modo muito civilizado: "Por favor, Sr. Mandela, não diga mais coisas ruins sobre meu filho."

— E o que você disse?

— Eu respondi: "Não se preocupe com isso. Eu disse o que queria. Isso é tudo que tenho a dizer sobre o assunto."

Já tendo sido alvo da fúria do Velho, quase senti pena de ambos os Bush, Júnior e Sênior.

*

A TRILHA PERCORRIDA

Durante meu primeiro ano na universidade — bem, o primeiro ano que realmente importava —, concentrei-me principalmente em meus estudos, mas também me esforcei por me reaproximar de minha mãe, que estava um pouco mais calma. Eu a havia visto apenas algumas vezes durante o ensino médio, mas aquela estada com meu pai tinha aberto meus olhos para algumas das duras realidades da vida da minha mãe.

Meu pai havia me dito:

— O Velho a instalou em East Rand, com casa, emprego, tudo. Mas ela estava muito distante de mim. Eu sou um homem. O que você espera? Ela estava zangada o tempo todo. Queria estar com a família. Então voltou para Soweto. Para o Velho foi como: "O quê? Ela não aprecia o que eu fiz por ela?" E talvez ela não aprecie. Talvez tivesse apreciado que não lhe dissessem para onde ir e o que fazer. Veja, Ndaba, essa é a incoerência... o Velho é um grande homem, mas não entende coisas assim. Ele é muito bom em comandar o país. Não tão bom em comandar uma família.

Um dia, passei na casa da minha mãe, e ela ficou feliz em me ver. Cozinhou para mim, me falou sobre seu trabalho como assistente social e me perguntou sobre minhas aulas e as garotas que eu namorava. Foi uma conversa tranquila. Não revisitamos o passado ou nos aprofundamos em grandes questões sobre por que as coisas tinham sido como foram. Apenas ficamos juntos, jantando, vendo TV, restabelecendo uma versão confortavelmente adulta do vínculo que tínhamos quando eu era um garotinho. Ela me deixou ser eu mesmo; eu a deixei ser ela mesma. Nós rimos muito. Eu havia me esquecido totalmente de como ela podia ser alegre e divertida quando estava feliz. Minha mãe zombou de mim e contou histórias hilárias sobre pessoas e lugares em sua vida. Foi um bom momento para começar um novo relacionamento. Presumi que haveria muito tempo para isso.

Algumas semanas depois, voltei à casa de minha mãe, e depois se tornou um hábito visitá-la mais ou menos uma vez por mês. Um dia, cheguei lá e tia Lucy estava lhe trançando os cabelos. Aquilo pareceu estranho. Tia Lucy continuou escovando e tirando toda aquela pele branca e escamosa parecida com caspa da cabeça dela — mas foi simplesmente estranho. Na próxima vez em que fui visitar minha mãe, pude ver que ela estava perdendo peso. Ela nunca me disse que estava doente, nem me deu nenhuma pista de que estava assustada, deprimida ou com dor, mas um dia tia Lucy me telefonou e disse:

— Ah, Ndaba, ela não está bem. Foi para o hospital e ficou lá por uma semana. Eles lhe deram pílulas e a mandaram para casa. Disseram que não há mais nada que possam fazer.

— Diga-lhe que estou indo — disse eu.

Pensei imediatamente em tuberculose. Talvez pneumonia. Fui vê-la em Soweto e ela não estava em um bom estado. Tinha uma tosse seca e contínua. Uma estranha erupção de pele branca surgira em suas têmporas e testa.

— Estou preocupado com ela — disse eu para Mandla. — Algo está muito errado.

— Ela não vai receber os melhores cuidados no hospital público em Soweto — disse ele. — Você deve levá-la para um hospital particular.

Aquilo pareceu uma boa ideia. Eu fiz algumas pesquisas. Mandla me ajudou nos preparativos e nós a levamos para um hospital particular mais perto de Houghton, pensando que isso faria toda a diferença. Eu achava que ela melhoraria e voltaria para casa, e eu poderia visitá-la todos os dias. Esse era o meu plano.

Em pé no corredor do lado de fora do quarto de minha mãe no hospital, perguntei à nova médica:

— Quanto tempo acha que levará para ela ficar boa?

A TRILHA PERCORRIDA

— Ficar boa? — A médica me olhou com uma expressão estranha. — Ndaba, você sabia que sua mãe é HIV positivo?

— Não — respondi. Subitamente essa foi a única palavra em minha mente. *Não. Não. Não.*

— Pneumocistose é causada por um fungo — disse ela. — É muito comum. Praticamente todos são expostos a ele quando têm 3 ou 4 anos. Uma pessoa com um sistema imunológico saudável poderia nem saber que o tem. Mas alguém com a condição de sua mãe, uma pessoa com HIV...

Ela continuou a falar, mas simplesmente havia muito barulho e palavras, números e informações em um gráfico, e eu estava me concentrando em evitar que meus joelhos se dobrassem sob mim. Em algum ponto apenas me virei e fui embora. Eu desatei a chorar. Voltei para o quarto de minha mãe e me enraiveci com ela.

— Como você pôde não me contar isso? Por que não me contou? — Ela ficou sentada na beira de sua cadeira, olhando para o chão. Pude ver o peso da profunda vergonha e solidão como um fardo físico em seus ombros estreitos. Esse foi um dos momentos mais tristes de minha vida.

Minha mãe voltou para Soweto, mas logo foi piorando cada vez mais. Eu a levei de volta para o hospital particular, para que ela ficasse mais perto de casa. Todos os dias que podia, ia visitá-la e me sentava com ela, e todas as noites eu tinha de beber para dormir. Eu não podia fumar maconha o suficiente para atenuar essa dor. Nós nos sentávamos durante longas horas em silêncio. Não havia nada a dizer. Só havia quantos dias eu poderia ficar ao seu lado e segurar sua mão na minha, e então eu ficava sentado lá. As semanas se passaram e minha mãe morreu no dia 13 de julho de 2003. É muito difícil para mim falar sobre isso. Prefiro contar para você o resto da história da Mulher Zulu e o Rio Prestativo.

Lembrem-se do que a mulher diz: "Rio, me devolva a criança que perdi muito tempo atrás." E o rio diz: "Corte fora seu coração e me dê." E ela faz isso. Atira seu coração para o rio, por isso o único modo de continuar viva é viver no rio com seu coração, deixando o bebê com as tias dele na margem. Todas as noites, enquanto o deus do rio está dormindo, as tias entram na água com o bebê para que a mãe possa amamentá-lo e brincar com ele e, quando ele cresce, elabora um plano para resgatá-la. O bebê da mulher zulu, que se tornou um garoto que se tornou um homem, chama pessoas da aldeia para ir com ele para o rio. Então amarra a extremidade de uma corda ao redor de uma árvore e a outra extremidade ao redor de sua cintura. Ele diz aos seus amigos: "Agora, quando eu puser meus braços ao redor de minha mãe, puxem com toda a força." Mas o deus do rio ouve isso e ele é um deus ciumento. Justamente quando o jovem homem põe seus braços ao redor de sua bela mãe, ela se transforma em uma truta prateada escorregadia e desaparece na correnteza incessante.

Fiquei dilacerado com a morte de minha mãe. A tristeza era extenuante. E eu estava zangado. Não conseguia nem mesmo aceitar o fato de ela ter decidido não me contar algo tão importante. Com toda certeza outras pessoas sabiam — os outros médicos e as enfermeiras em Soweto, minhas tias, os amigos dela —, e ninguém achou apropriado me contar? Todos pensaram que era melhor eu ser pego de surpresa? Ou realmente pensaram que eu nunca descobriria? HIV/aids ainda era algo sobre o qual ninguém estava disposto a falar. Olhei para as reportagens no jornal sobre a morte de minha mãe. O comunicado oficial da família à imprensa afirmava que ela havia morrido de pneumonia. Uma semana depois, tia Maki e eu tivemos uma terrível discussão que começou com ela insistindo em levar Mbuso e Andile para a festa de aniversário de nosso avô. Eu achava aquilo muito errado, e lhe disse.

A TRILHA PERCORRIDA

— Essas duas crianças perderam a mãe há apenas uma semana! Você não vai levá-las para uma festa.

— Todos vão — disse tia Maki. — Quem vai cuidar deles?

Ela disse que isso seria bom para eles. Robert De Niro estaria lá. Muitos jornalistas. As pessoas fariam perguntas se eles não estivessem na comemoração do aniversário de Madiba. Aquilo se transformou em um grande cabo de guerra e eu perdi. Ela disse para Mbuso e Andile entrarem no carro, e eles fizeram o que lhes foi mandado. A coisa toda me deixou ainda mais triste e zangado — com tia Maki, com o mundo, com a vida.

— Minha mãe morreu enquanto eu estava na prisão — disse-me meu avô enquanto eu o ajudava a sair para se sentar no pátio. — Um dia, cheguei da pedreira e alguém me entregou um telegrama de seu pai. Minha mãe havia morrido de ataque cardíaco. Era minha responsabilidade providenciar o enterro dela. Eu era seu único filho homem. O filho mais velho. Não me permitiram, é óbvio. Isso me fez questionar o caminho que eu havia seguido — as dificuldades que minhas escolhas haviam causado para ela.

Eu não tinha uma resposta para isso. Francamente, nada daquilo era útil. Eu só queria que pudéssemos nos sentar em silêncio. Naquele instante, não me ocorreu que meu avô podia estar tentando me dizer que entendia o sentimento de impotência que me dominava, porque o estigma em torno do HIV/aids era forte como muros de pedra e barras de ferro. Minha mãe morreu em 2003, vinte anos depois de o vírus da imunodeficiência humana ser identificado. E nós — como uma família, uma nação, uma comunidade global — ainda éramos totalmente incapazes de ter uma conversa honesta sobre isso. O estigma sobrepujava o bom senso, a decência comum, o amor. E eu havia acabado de testemunhar de perto como esse estigma podia matar uma pessoa tão eficazmente quanto a própria doença.

— Quando a mãe de um homem morre, isso o faz reavaliar sua vida — disse o Velho.

Eu me dei conta de que ele estava certo. Não naquele momento, talvez, mas no ano seguinte. Veja bem, em algum lugar em toda aquela confusão eu reencontrei minha Lenda. As peças estavam se juntando — aquele momento na Disneylândia, aquele período revelador passado com meu pai, tudo que eu havia visto e ouvido em minha vida com meu avô. Isso ainda estava lá. Kweku e eu começamos a falar sobre uma estrutura concreta para a organização que se tornaria a Africa Rising, imaginando um veículo para a próxima geração dar seguimento ao progresso cultural e sociopolítico que Madiba e sua geração haviam iniciado.

— Nós queremos destacar a dimensão da África no palco mundial — disse eu para meu avô. — E temos de falar sobre a aids. Temos de tocar nesse assunto.

— É um problema difícil — disse ele. — Temos diante de nós uma comunidade conservadora. Você se lembra da mulher em KwaZulu-Natal apenas alguns anos atrás, assassinada, apedrejada até a morte por seus próprios vizinhos quando ela confessou ser HIV positivo?

— Eu sei. Eu me lembro. E não é um caso isolado. Eu entendo por que as pessoas têm medo de falar sobre isso. Essa é a primeira coisa que tem de mudar.

— Ndaba, eu tenho tentado. Desde 1991. Fui para Mpumalanga e falei com as pessoas. Disse para os pais: "Nós estamos enfrentando uma epidemia. Vocês devem ensinar aos seus filhos sobre sexo seguro. Devem falar sobre métodos contraceptivos." Eu lhes disse que seu governo e sua comunidade deviam trabalhar juntos para o bem de seus filhos. Pude ver em seus rostos que estavam revoltados com o que eu estava dizendo. Zangados. "Como você pode falar assim?! Você está incentivando a prostituição entre

A TRILHA PERCORRIDA

nossos filhos!" Em Bloemfontein, a diretora da escola, uma mulher com um diploma universitário, disse: "Madiba, você não deve dizer essas coisas. Vai perder a eleição." Eu sabia que ela estava certa. E eu não queria perder aquela eleição. Tive de deixar isso para lá, Ndaba. Mas em 1999, em minha última entrevista para a mídia como presidente, eu disse que as iniciativas deviam ser levadas adiante. Educar o povo, tornar o AZT mais acessível, esses são programas caros. Você não pode esperar que isso tudo aconteça imediatamente.

Eu entendia o que meu avô estava dizendo, e sabia que ele havia feito mais do que qualquer um fez antes dele, mas não era o suficiente.

— Nada nunca mudará se não pudermos falar sobre isso, vovô. Se uma mulher não pode dizer a seus vizinhos sem temer por sua vida, se uma mãe não pode dizer a seu filho, nada muda. Eu não posso aceitar isso.

Ele ouviu e assentiu.

Continuei meus estudos, concentrado em obter meu diploma Sabia que esse era o primeiro passo para o que quer que viesse depois. Também sabia que o Velho estava empenhado em mudar a cultura do silêncio e o estigma que forneciam um solo tão fértil para o HIV/aids na África do Sul.

No verão seguinte à morte de minha mãe, algo enorme aconteceu. Apenas alguns meses antes de ela morrer, Joe Strummer, vocalista da banda The Clash, morreu subitamente, e um de seus últimos projetos foi uma parceria com Bono, do U2, na canção "46664 (Long Walk to Freedom)" — um tributo ao meu avô e o ponto central de uma épica série de concertos "46664" para levantar fundos e aumentar a conscientização em relação ao HIV/aids em todo o mundo. Esse era o número de identificação do Velho quando ele foi levado para Robben Island, o prisioneiro

466 em 1964. Eles lhe deram esse número achando que tinham poder sobre ele, e ele o reivindicou em 2003, querendo lembrar às pessoas que o verdadeiro poder está nas mãos delas.

Revelando os planos para o concerto, ele disse:

— Eu não posso descansar enquanto não tiver certeza de que a resposta global é suficiente para mudar o curso da epidemia.

O primeiro concerto "46664" estava programado para acontecer na Cidade do Cabo em 29 de novembro de 2003, uma semana antes de meu 21º aniversário. Com o passar do verão, eu ficava cada vez mais animado, e a relação dos participantes se tornava cada vez mais incrível. Peter Gabriel, Robert Plant, Beyoncé, Brian May e Roger Taylor, do Queen, Angelique Kidjo, Ladysmith Black Mambazo, The Who, Yvonne Chaka Chaka — até mesmo o Soweto Gospel Choir estava lá para Mama Xoli. Mas vamos falar a verdade. Beyoncé, cara. Eu ia conhecer Beyoncé.

No dia do evento, o Velho se apresentou no palco no Green Point Stadium, diante de 18 mil pessoas e milhões de outras assistindo pela TV em todo o mundo. Ele disse:

— Quando a história de nosso tempo for escrita, seremos lembrados como a geração que deu as costas no momento de uma crise global ou lembrados como a que fez a coisa certa? Temos de superar nossas diferenças e combinar nossos esforços para salvar nosso povo.

Foi um grande momento. Beyoncé estava lá. Eu não.

Vejam bem, apenas algumas semanas antes, como estávamos nos aproximando de meu 21º aniversário, meu pai voltou a tocar no assunto de minha ida para a montanha.

Dessa vez, o Velho disse:

— Sim. Ele está pronto. — Então eu fui.

9

Ukwaluka.
"Indo para a montanha."

Qunu fica a cerca de uma hora da costa, na província do Cabo Oriental. Esse era o lugar de que Madiba mais gostava, lar de suas lembranças mais felizes da infância. Nós sempre íamos para Qunu em dezembro, para a réplica da casa da prisão, por isso, ao longo dos anos, passei a gostar muito de lá também. As montanhas ondulantes eram verdes e brilhantes na primavera, e assumiam tons intensos de âmbar e marrom durante a parte mais quente do verão. No horizonte, entre a aldeia e as montanhas distantes, afloramentos rochosos, pedras e escarpas se sobressaíam na paisagem. A aldeia em si é um pitoresco conjunto de casinhas de tijolo, habitações redondas nativas, cabanas circulares hipereficientes e anexos com telhados de palha ou estanho. (Estou ansioso pela moda da cabana que certamente em breve substituirá a atual *tiny home* ou "casa minúscula".) Nos limites da cidade fica o cemitério onde meus bisavós e outros membros da família estão enterrados.

Durante a longa e pitoresca viagem de carro, vovô apontou para seus lugares favoritos.

— Está vendo aquelas rochas lisas e achatadas ali? Costumávamos escorregar por elas quando eu era garoto. Escorregávamos repetidamente até nossos traseiros ficarem doloridos demais para escorregarmos mais. E tudo isto aqui naquele tempo era terra arável. — Ali havia um campo onde um burro o havia atirado em um arbusto espinhoso. Acolá estava o rio em que ele e seus amigos nadavam e pescavam. Essa é uma área rural com fazendas e produtores de laticínios espalhados por todos os lados. Por isso, de vez em quando tínhamos de parar e deixar vacas atravessarem a estrada. Essa era a dica para o Velho nos falar sobre beber leite quente direto do úbere e a muito importante conexão entre os xhosa e o gado que há muitas gerações os mantinha bem alimentados e fornecia uma sólida fonte de riqueza. Quando ele era garoto, levava muito a sério seu papel de cuidar do gado e das ovelhas da família, mas, como o pastor Santiago em O *alquimista*, sabia que um dia teria de deixá-los.

Em Qunu, ainda gostam de contar uma história sobre um homem branco cuja motocicleta quebrou quando ele passava pela aldeia a caminho das vastas colinas ondulantes. Esse era um acontecimento bem empolgante, então todas as crianças da aldeia correram para ver.

Um garoto se aproximou e disse:

— Posso ser útil?

— Você fala inglês! — O motociclista ficou surpreso, mas feliz em ter ajuda para consertar a motocicleta, que logo ficou pronta. O motociclista agradeceu ao garoto e lhe entregou três centavos.

— Obrigado — disse o garotinho. — Um para cada uma das minhas irmãs e um para as minhas taxas escolares.

— Qual é o seu nome?

— Nelson.

Resumindo, ele deu ao motociclista o nome que recebera na escola, mas seu nome de nascimento era Rolihlahla, que basicamente significa "criador de problemas" e é traduzido literalmente como "aquele que puxa o galho de uma árvore". Eu adoro esse nome, porque é perfeitamente adequado ao meu avô, mas também seu nome de homem, Dalibhunga ("convocador ao diálogo"), que lhe foi dado na época de sua circuncisão.

Eu estava ansioso por receber meu nome de homem, principalmente porque isso significaria que minha provação estava quase no fim. Fiquei satisfeito em ouvir Madiba dizer que acreditava que eu finalmente estava pronto para ir para a montanha, mas tenho de admitir que a caminho de lá estava começando a ficar nervoso. *Ukwaluka* é um teste extremo de coragem e fonte de muita controvérsia. Todos os anos ouvimos falar de incidentes em que os iniciados foram desfigurados, sofreram a perda de seus genitais ou até mesmo morreram de complicações e infecções. Houve um período em que o governo tentou regular como as circuncisões eram feitas e forneceu remuneração para pessoas supostamente qualificadas realizarem o procedimento. Mas isso abriu a porta para maus elementos — pessoas que não eram de modo algum qualificadas, mas obtiveram a certificação do governo, fazendo isso por dinheiro sem nenhum respeito pela tradição —, e o resultado foi uma terrível série de circuncisões malfeitas. Centenas de iniciados morreram. Outros foram deixados mutilados de um modo que os levou a tirar suas próprias vidas.

Mesmo com todas as precauções tomadas, as coisas podem dar errado, e os iniciados estão na zona rural, muito longe de

A TRILHA PERCORRIDA

ajuda médica. Um dos iniciados no grupo de Mbuso teve algum tipo de dificuldade respiratória dias depois da circuncisão. Eu tinha um carro, por isso me pediram para correr com ele para o hospital. Dirigi por todo o caminho em alta velocidade, mas era tarde demais. Quando cheguei à clínica em Idutwya, ele havia morrido no banco traseiro do carro. Lamentei muito por sua família. O incidente me abalou profundamente. Naquele instante, percebi que meu avô não havia me refreado como uma punição, mas pela minha própria segurança. Isso não é algo que alguém ouse fazer de um modo casual ou irresponsável. É imperativo que o iniciado esteja pronto para o que está prestes a suportar e passe por isso com seus *khanki* — protetores que ficam com ele o tempo todo. Durante todo o ritual de um mês, os iniciados — os *Abakhwetha* — são testados ao extremo física e psicologicamente.

No fim de novembro, terminei minhas provas escritas e então meu pai e Mandla me levaram de carro para o local, nos arredores de Idutwya, a cerca de 30 km de nossa casa em Qunu. Fui acompanhado de meu pai, Mandla e Zuko Dani, primo de meu avô, porque você precisa de um ancião familiarizado com os detalhes da tradição para instruí-lo a cada passo. Madiba forneceu o cobertor cerimonial, duas garrafas de conhaque e o pagamento do *ingcibi*, o cavalheiro que faz o corte. Eu já havia ido a um médico, que inspecionou meu órgão genital e forneceu um atestado de que eu gozava de boa saúde e podia ir para a montanha. A propósito, não é uma montanha literal. É uma figura de linguagem. Meu grupo, que incluía uns vinte iniciados, se reuniu em uma aldeia isolada na encosta de uma colina. Fiquei feliz em ter dois dos meus primos comigo. Se você nasceu em uma casa real, a tradição é ser acompanhado por primos, homens jovens com mais ou menos a sua idade com quem você pode contar para companheirismo, coragem, força e apoio.

Então lá estávamos nós. Ao anoitecer. Deixamos Qunu e fomos para o lugar onde seríamos circuncidados, e ficamos três semanas lá antes de voltarmos para a aldeia como homens. Chegamos e fomos até o *kraal*, onde encontramos o *ingcibi* que realizaria o ritual, e eu soube que aquilo estava prestes a se tornar real.

— Tirem suas roupas.

Certo. Nós tiramos, como cobras se desfazendo de suas peles, se transformando em algo elementar e cru. Disseram-me para eu me sentar em uma pedra enquanto o homem santo que ficaria conosco durante toda a provação explicava tudo que estava prestes a acontecer e o que esperava de nós no processo. Ele nos fez entrar no *kraal*, que é onde os animais geralmente ficam à noite. Caminhei descalço no chão de terra com estrume de vaca e me sentei na pedra, dizendo a mim mesmo para ficar imóvel e ouvindo o *ingcibi* percorrer a fileira em minha direção com um assistente que carregava suas *assegai* — as lanças afiadas que seriam usadas. Ele tem mais de uma porque cada iniciado exige uma lâmina nova. Meu coração batia forte no peito. Eu me forcei a respirar devagar e regularmente, como o Velho me instruíra, com meus joelhos afastados em um ângulo de noventa graus.

O *ingcibi* se posicionou.

— Olhe para o leste!

Virei meu rosto para o leste. Senti a dor lancinante do corte. Um nauseante arrepio desceu por minha espinha, seguido de uma onda de choque de agonia e adrenalina. Involuntariamente, tossi duas vezes, e então virei meu rosto para o oeste e gritei.

— *Ndiyindoda! Ndiyindoda! Ndiyindoda!*

O *ingcibi* se dirigiu ao próximo sujeito, deixando-me suspenso em uma aura de dor cegante, diferente de tudo que eu já havia experimentado ou para o qual poderia estar remotamente preparado.

Eu sou um homem.

A TRILHA PERCORRIDA

Apesar do forte calor no *kraal*, fui dominado por uma profunda tremedeira. A reação natural de choque do corpo.

Eu sou um homem.

Sou como um equilibrista na corda bamba. Não ouso olhar para baixo. Tenho de olhar para baixo. Vejo sangue pingando de meu pênis.

Eu sou um homem.

Depois de circuncidar o último sujeito, o *ingcibi* lavou as mãos. Ele veio até mim com uma planta e uma tira de pele de cabra. Amarrou-a ao redor do meu pênis como uma espécie de atadura. Alguém colocou um cobertor em meus ombros. Uma cabana abobadada chamada *iboma* havia sido construída pelos aldeões para acomodar os iniciados durante o resto do ritual. Galhos espinhosos foram postos no chão por toda parte, deixando um caminho estreito para a única porta. Alguém me conduziu para o *iboma*, e me sentei cuidadosamente, tentando respirar. Fora a coisa parecida com uma atadura e uma faixa ao redor de minha cintura, estava nu. Durante esse período de transição, não era nem um garoto, nem um homem; era um animal. Todos nós somos animais. Deus é um animal.

No primeiro dia, não houve muita conversa. Nós andamos pelo lugar e nos apresentamos, dando o nome de nosso clã e dizendo de onde éramos. Quando chegou a minha vez, eu disse: *"Madiba. Yem-Yem uSpicho, Vele-bam-bestele. Igama lam lesfana ngu-Ndaba."* (Meu nome é Ndaba.) *"Ndisuka eQunu."* (Sou de Qunu.) *"Inkosiyam ngu-Nokwanele."* (Meu chefe é Nokwanele.)

Ouvi atentamente, tentando decorar o nome de todos no círculo. Durante sete dias, permaneceria com meus companheiros iniciados no *iboma*. Por motivos óbvios, não nos deram água ou qualquer outra coisa para beber. Só comemos uma mistura espessa de milho fervido. Dormimos no chão com apenas o cobertor, e

168

você não pode dormir esticado ou de lado; dorme de barriga para cima com os joelhos erguidos. Tive sonhos estranhos e acordei diversas vezes, porque, sempre que fazia o mínimo movimento, sentia uma dor súbita e aguda em meu ventre. Deitado no chão, pensei: *Isso é um inferno. Meu pai deve me odiar para me submeter a essa tortura. Como eles ousam fazer isso comigo? Isso é loucura.*

No segundo dia, alguém veio nos mostrar como cuidar do ferimento com folhas frescas chamadas *isicwe*. Elas têm diminutos pelos que grudam no ferimento, então vocês podem imaginar que, quando chega a hora de trocá-lo, não é uma tarefa simples. Cada centímetro dói, e, alguns minutos depois, você tem de pôr outro. *Ai.* Eles nos disseram que devemos fazer isso várias vezes por dia, não importa o quanto seja doloroso, e é incrivelmente doloroso, até o ferimento sarar totalmente.

No dia seguinte, cobrimos nossos rostos e corpos com argila branca e nos sentamos como fantasmas no *iboma*. Meu estômago dói de fome. Fico grato ao ver que um pouco de *amasi* foi acrescentado ao milho, mas estou com tanta sede que o interior de minha boca parece um sapato velho. A sede é enlouquecedora. Digo para mim mesmo: *Não pense em água; não pense em água. Não pense em Beyoncé. Não pense na orelha cheia de cicatrizes de Holyfield, nos movimentos de dança de P. Diddy ou naquele belo traseiro de Ms. Dynamite de Londres.*

No sétimo dia, estou tão fraco de fome e sede que mal consigo encontrar forças para me besuntar com a argila branca que protegerá minha pele quando eu sair, e estou mais do que pronto para sair. Sinto o cheiro de bode assando lá fora. Mais do que tudo, quero pôr minhas mãos em um pouco dele. E água. O primeiro gole de água fresca é tudo — bênção, vida, coragem, Deus —, mas eles nos dizem: "Não bebam muito! Lembrem-se de que isso tem de sair por algum lugar e vocês sabem o que isso significa. Dor!"

A TRILHA PERCORRIDA

Na segunda semana, nos deixam tomar bebida alcoólica e fumar um pouco de erva, o que é um tremendo alívio. Você tem de pagar por isso, então os *khanki*, os mais velhos que cuidam de você, trazem dinheiro.

Nas semanas seguintes, você se besunta de argila branca todas as manhãs antes de sair do *iboma*. É bom entrar no mato, respirar ar fresco, usar um machete para juntar lenha. Também juntamos folhas para o curativo, que devemos continuar a aplicar diligentemente, mas não com tanta frequência, porque os ferimentos estão sarando notavelmente rápido. Passamos o tempo nos confraternizando, falando sobre casa, escola e mulheres. Em algum momento devemos ser "atingidos pelo vento", o que significa ficar nus e deixar o vento... certo, é muita informação. É terapêutico. Vamos deixar assim.

Poderíamos pensar que um grupo de rapazes que haviam crescido juntos com videogames e computadores se entediaria sentado lá dia após dia, mas pelo menos para mim esse não foi o caso. Com o passar das semanas, aprendemos canções sobre masculinidade, vida, mulheres. Há uma sobre escrever uma carta para uma namorada e uma chamada *"Isipringi Sebhedi"* ("Molas da Cama"), que conta uma história sobre mulheres, garotas e *essa mulher vai me matar, eu a amo, ela é maravilhosa* e assim por diante. Aprendemos uma espécie de linguagem secreta — palavras diferentes para cadeira, comida, água, qualquer coisa — e ouvimos histórias sobre nossos ancestrais. Os dias passam e o cheiro é indescritível, porque somos vinte animais no *iboma* e não podemos tomar banho.

Após três semanas, vamos para o rio nos lavar, caminhando em grupo, enrolados em nossos cobertores, carregando gravetos, sabão e calcário. Moemos o calcário nas pedras do rio até que se torne uma pasta branca viscosa, e a passamos em nossos corpos da cabeça aos pés, cobrindo a pele marrom que nos torna humanos. Ficamos assim até os últimos três dias, quando o ritual é levado para ainda outro nível. Voltamos à nossa aldeia — eu e dois outros do meu clã — e, na noite seguinte, dançamos com nossas irmãs. Estamos nus, exceto pelo cobertor amarrado em nossas cinturas, e temos de dançar, segurando um bastão acima de nossas cabeças. As irmãs, os irmãos e primos vêm com agulhas e as espetam em nós de vez em quando. Eu só posso imaginar o objetivo disso. Se você pensar a respeito, deve haver uma simbologia, mas, naquele momento, só tenta evitar ser espetado. Dança até ficar exausto e suado e, quando as garotas se cansam, elas vão embora.

A última noite é uma enorme celebração com comida, conhaque e cerveja tradicional que nós mesmos fazemos e bebemos de um pote de argila ou um jarro de estanho que depois passamos ao redor. Todos os homens da aldeia ficaram sabendo e comentaram: "Ei, aqueles rapazes voltaram e um deles é um Mandela!" Então queriam inspecionar a situação e se certificar de que o procedimento fora feito corretamente. Queriam ver o ferimento e verificar se era a coisa real. Há diferentes estilos de corte — pequeno, médio, bolsa (tradução livre dos nomes tradicionais) —, por isso eles queriam ver qual era o seu. O que podemos fazer? Nós lhes mostramos e eles ficaram impressionados. Um homem se entusiasmou tanto que me mostrou o seu.

— Sim, o seu foi um ótimo corte — disse-me. — Veja, o meu foi feito sete anos atrás e dá para ver que não sarou adequadamente.

Agora, eles têm de mostrar respeito. Você conquistou todos os privilégios de ser um homem. Você se sente como um homem. O Homem de Ferro! Intocável. Um deus. Você deixou sua família orgulhosa. Passe a cerveja! Você experimenta essa forte corrente de poder, então às vezes os rapazes deixam que o poder lhes suba à cabeça e desrespeitam seus pais. Tornam-se problemas em casa.

Por isso, é importante terminar o ritual com longas sessões de conversas. Nossos parentes mais velhos vêm nos visitar — patriarcas, tios, irmãos e primos — para partilhar sua sabedoria e nos ensinar os costumes e as tradições, lembrando-nos que será nossa responsabilidade transmitir tudo isso aos nossos filhos. Eles nos lembram de respeitar nossas mães e tias, porque um verdadeiro homem respeita sua mãe. Um verdadeiro homem ajuda em casa e contribui para a felicidade da família. Um verdadeiro homem não é inútil em sua casa ou comunidade. Ele tem poder e o usa para acrescentar valor ao seu ambiente.

— Agora você é um homem — diz Madiba. Ele se senta em sua cadeira, supertranquilo e feliz por estar lá. — Deve entender que será um dos homens em nossa casa. Cabe a você cuidar da casa, das mulheres e das crianças. Deixe-nos orgulhosos. Nós somos da casa real de thembu. Somos a quarta casa. Nosso papel deve ser o de mediadores. — Ele fala comigo durante um longo tempo sobre entrar em contato com meus ancestrais e conhecer minhas raízes. Respeitar de onde venho. Reconhecer o que sou. Conta-me histórias sobre sua própria ida para a montanha e comparamos nossas experiências.

— Naquele tempo — diz o Velho —, parte do ritual era roubar um porco, matá-lo e comê-lo inteiro na noite antes de virmos. Era o porco de alguém da comunidade, mas fazíamos o que nos era dito, porque éramos guiados pelo ritual. Eu atraí o porco para fora do *kraal* com a borra deixada no fundo de um jarro de cerveja. O porco saiu para comer e todos nós partimos para cima dele. Cavamos um buraco perto do *iboma* e o assamos. Comemos aquele porco e depois estávamos preparados para passar fome por uma semana.

O último passo de *Ukwaluka* é "atravessar o rio". Você entra na água e se esfrega para tirar toda aquela coisa branca do corpo, de modo que, quando vai se encontrar com sua família, está limpo e envolto em um cobertor chamado *i-ruggy*. Só volta a usar suas próprias roupas quando tudo termina e você está pronto para começar sua vida com eles como um homem.

A celebração foi um momento de orgulho para nossa família e durou todo o fim de semana. Pais, avós, tias e tios ofereceram palavras de incentivo e sabedoria para mim e meus primos. Quando todos nós nos sentamos à grande mesa para jantar, meu avô disse:

— Você está bem, Ndaba? Está saudável? — Fiquei surpreso ao ouvi-lo falar em isiXhosa. Ele raramente falava comigo em isiXhosa. Sempre era em inglês. Mas falou comigo em isiXhosa naquele momento, reconhecendo minha masculinidade.

— Sim, vovô, eu estou bem.

— Bom. Bom. Agora você é um homem, Ndaba. Você se saiu bem.

— Obrigado, vovô.

— Ndaba, o que você pensa sobre as vacas? — perguntou ele. — Você sabe quantas há? Agora você é um adulto. Terá de se manter a par do negócio da fazenda.

— Vou me manter, vovô. Totalmente.

Isso fez com que eu me sentisse melhor, mais sábio e até mesmo um pouco mais alto. Nós dançamos, bebemos, dançamos de novo, comemos, e bebemos mais e voltamos a dançar. Mais tarde, fomos para a aldeia nos encontrar com os outros homens, jovens e velhos, que sempre se reúnem na casa de alguém para beber. Todos ficaram felizes em nos ver. Madiba ficou feliz em passar um tempo com sua comunidade.

Na manhã seguinte, o Velho me pediu para ir buscar seus jornais. Mais uma vez fiquei surpreso, porque geralmente era um dos seguranças quem lhe levava os jornais e, se eu passava por perto, ele me fazia um sinal para me sentar. Aquilo era novo.

Nós o estávamos fazendo juntos. Eu trouxe os jornais e nós lemos todos do início ao fim, conversando sobre acontecimentos e outros assuntos. Em vez de me dar partes de notícias, como a mamãe pássaro dá para um filhote, ele me permitiu digerir aquilo sozinho, e então perguntou minha opinião a respeito. Esperava pensamento crítico, preferia discordância civilizada a aprendizagem mecânica e sinais afirmativos com a cabeça. Agora, olho para trás e vejo que foi ali que viramos uma página em nosso relacionamento. Desde garoto eu soube que podia confiar nele. Foi ali que ele soube que podia confiar em mim.

É difícil falar — e não seria apropriado descrever tudo isso aqui — sobre a profundidade e a amplitude da tradição transmitida durante as semanas do ritual. Você se conecta com sua espiritualidade e herança. Quem é você? Que família representa? De qual aldeia veio? Você tem a obrigação de seguir o código de seu povo e suportar a dor como um homem. Passa a entender quem você é, de um ponto de vista cultural, e isso o faz se sentir mais forte, mais confiante.

Pierre Teilhard de Chardin, um paleontólogo e padre jesuíta francês, disse: "Nós não somos seres humanos tendo uma experiência espiritual; somos seres espirituais tendo uma experiência humana." Quando atravessei o rio, experimentei uma convergência dos dois. Eu era basicamente animal, basicamente espírito, unicamente eu mesmo. Estava firmemente ligado a meus ancestrais e, por minha vez, eu os liguei ao futuro.

Meu nome de nascimento era Thembekile: "O confiável."

Meu nome de homem é Zwelijika: "o mundo está mudando."

10

Indlu enkulu ifuna.
"Uma grande casa precisa de uma vassoura resistente."

Uma das histórias mais estranhas que eu ouvi enquanto crescia é A História da Profecia de Nongqawuse. Um dia, uma garota voltou do rio e disse para as pessoas de sua aldeia: "Dois ancestrais me visitaram e disseram que todos os mortos ressuscitarão." A reação das pessoas foi: "Maravilhoso!" Elas veriam seus entes queridos de novo e isso era muito bom. Mas a garota disse que para o Grande Dia acontecer elas deveriam matar todo o seu gado, desenterrar seus grãos e basicamente destruir e reconstruir tudo — cabanas, *kraals*, tudo. A essa altura, a reação de muitas pessoas foi "Eu não vou fazer isso", mas muitas acreditaram nisso e começaram a pressioná-las a participar. Até mesmo o rei e a maioria dos chefes ficaram fascinados com essa ideia de as nações xhosa mortas se erguerem do mar, trazendo um novo castelo, ovelhas, galinhas e — o ponto principal aqui — expulsando todos os invasores brancos. Eles acreditavam em uma era dourada em que não haveria mais doenças ou tristeza. Mataram seu gado e, quando o Grande Dia chegou e terminou sem nenhum exército de ancestrais se erguendo do mar, em vez de dizer: "Hum, talvez essa não tenha sido uma boa ideia", culparam os descrentes que se recusaram a matar seu gado. Não admira que logo muitos descrentes e seu gado fossem mortos e tivessem as fazendas que protegeram pilhadas. Fome se seguiu. Fome e desespero assolaram o Cabo. Estima-se que quarenta mil xhosas morreram.

O mais estranho nessa história é que é verdadeira. Pesquise no Google "Nongqawuse" e você verá uma assombrosa fotografia de 1856 dessa estranha garota que levou o povo xhosa a um inferno próprio. Ainda há perguntas sobre esse incidente catastrófico, e a mais intrigante é: *Por quê?* Mas essa não é sempre a pergunta mais intrigante?

Através das lentes da história política, você vê muitos incidentes desse tipo em todo o mundo, que remontam a séculos. Há certos elementos em comum: uma ampla e proposital cegueira da sociedade disfarçada de fervor religioso. O ódio já existente em algum nível é usado como arma. E há a real motivação para isso: alguém pronto para tirar vantagem da situação para obter poder, dinheiro ou ambos. No caso das mortes do gado incentivadas pela profecia, o governo colonial reagiu à fome generalizada com um "programa de recrutamento" que oferecia aos famintos a oportunidade de se venderem para a escravidão. No caso dos Julgamentos das Bruxas de Salem, nos Estados Unidos, vizinhos ricos se apossaram das terras de mulheres idosas torturadas e condenadas à morte. No caso da pandemia de aids, lutas por poder, indústrias farmacêuticas, religião conservadora, racismo, LGBTfobia, ignorância e propositada indiferença tiveram seus papéis. Se você quiser ler um livro denso, mas fascinante, sobre como a epidemia de aids começou, leia *And the Band Played On*, de Randy Shilts ["E a banda continuou a tocar", em uma tradução literal]. O título se refere à orquestra que tocou no convés do Titanic enquanto o navio afundava e a maioria dos passageiros se afogava.

Não posso condenar as pessoas que escolheram viver por tanto tempo negando as duras realidades da aids na África do Sul e no resto do mundo. Eu fui uma delas. Enquanto minha mãe estava morrendo, não conseguia abrir espaço em minha mente para a ideia de que ela tinha HIV, até que alguém basicamente me deu um soco na cara dizendo a verdade sem rodeios. E mesmo depois dessa experiência, eu não estava disposto a estabelecer as conexões óbvias quando meu pai começou a adoecer. Sabia que ele havia entrado e saído do hospital — eu mesmo o conduzira para lá em mais de uma ocasião —, mas dizia para mim mesmo: "As pessoas adoecem. Não é nada de mais." Ele saía do hospital e voltava ao trabalho. Eu estava ocupado com a escola e concentrado em meus estudos.

No ano seguinte à minha ida para a montanha, consegui um apartamento perto da universidade em Pretória. Passava todos os fins de semana em casa com meu avô e ia lá durante a semana sempre que podia para almoçar, jantar ou simplesmente dizer: "Oi, vovô, como vai?" Finalmente me permiti convidar uma garota para jantar. Quando nos sentamos para comer, o Velho disse:

— Então, senhorita, você pediu meu neto em casamento? — Essa se revelou sua fala. Ele a empregou em várias ocasiões. Acho que gostava de ver a expressão no rosto delas.

Eu gostava dessa dinâmica mais natural entre mim e meu avô, mas sua idade começava a aparecer. Ele mantinha sua inflexível rotina diária: acordar cedo de manhã. Caminhar e se exercitar.

A TRILHA PERCORRIDA

Café da manhã. Jornais. Mas agora, em vez de ir para o escritório, ele relaxava na sala de visitas e frequentemente tirava um cochilo. Gostava quando pessoas vinham almoçar, e, na maioria das vezes, depois do almoço, assistia ao National Geographic ou ao canal de esportes até a hora do chá da tarde, que com frequência incluía visitantes. Às vezes, viajava para aparições públicas, mas isso parecia exigir muito dele de um modo para o qual eu não estava totalmente preparado. Honestamente, eu me preocupava mais com meu avô do que com meu pai. Ele e meu pai se viam de vez em quando, e o Velho certamente nunca expressou nenhuma preocupação para mim, mas me lembro de um dia em que estávamos sentados juntos à mesa e ele me falou sobre como seu próprio pai morrera.

— Eu tinha 9 anos — disse ele. — Meu pai passava uma semana com cada uma de suas esposas. Quatro esposas, quatro semanas. Então, uma vez por mês, ele vinha ficar conosco. Somente nesse dia em particular foi à cabana da minha mãe quando isso não estava programado. Voltei para casa e o encontrei em um estado terrível, tossindo, tossindo, tossindo. Ele ficou conosco durante vários dias. Sua esposa mais jovem veio ajudar minha mãe a cuidar dele. Uma noite, meu pai pediu seu cachimbo e minha mãe não quis lhe dar. Ela disse: "Não. Evidentemente, ele tem alguma doença dos pulmões. Não deveria fumar." Estou certo de que ela tinha razão, mas meu pai não foi a nenhum médico. Para ele isso era inútil. Queria seu cachimbo. Foi bastante insistente. Ficou gritando: "Tragam meu cachimbo!" Ninguém na casa conseguia dormir, porque ele estava ficando bastante irritado. Então a jovem esposa encheu o cachimbo de tabaco e o levou para ele. Fumar o acalmou. Ele fumou por um tempo e então morreu, com o cachimbo na mão ainda aceso. Eu podia sentir o cheiro de tabaco no ar.

Ouvi a história, embora não soubesse ao certo por que ele sentiu necessidade de contá-la para mim naquele momento. Não pensei muito nisso. O Velho era cheio de histórias.

— Quando meu pai morreu — disse ele —, eu não estava preparado para esse nível de tristeza.

— Mas como poderia estar, vovô? Você era apenas um garotinho.

— Mesmo depois que eu me tornei um homem, procurei por ele dentro de mim.

Relanceei os olhos para meu relógio.

— Vovô, preciso voltar para a escola.

— Sim. Bom. Muito bom. — Ele se levantou para me levar até a porta. — Estou muito orgulhoso de você, Ndaba. Seu pai também está.

Eu já estava a meio caminho do meu carro, dizendo "adeus" por cima do ombro, porque tinha coisas a fazer, pessoas para ver, provas para escrever, férias para aproveitar. Estava tendo a vida ocupada de um estudante que finalmente encontrou seu rumo e vive todos os dias em uma correria. À medida que o ano passava, notei que meu pai estava perdendo peso. Estava terrivelmente magro, e eu ainda continuava a dizer para mim mesmo que isso era normal. Ele ainda ficava me dizendo: "Ah, eu estou bem. Não se preocupe. Vai ficar tudo bem."

Em dezembro de 2004, meu pai foi para o hospital e ficou muito nítido que não ia ficar bem. Mandla finalmente se frustrou com minha resistência a encarar a verdade.

— Nosso pai tem HIV/aids — disse ele sem rodeios. — Ele transmitiu para a sua mãe. Como você acha que ela pegou?

Eu não podia acreditar. Estava em pé no mesmo corredor de hospital, assimilando o mesmo soco na garganta que recebera da médica de minha mãe dois anos antes. Eu não estava mais preparado para isso agora do que naquela época. Fiquei arrasado.

De novo. Estava zangado com as pessoas que não me disseram a verdade e comigo mesmo por não descobrir sozinho. Eu era esperto o suficiente para estabelecer a conexão; só não quis acreditar nisso. *Escolhi* ficar cego ao que estava acontecendo porque não queria que ele morresse. Eu não estava pronto para ser lançado à deriva de novo.

No entanto, acima disso tudo, eu não estava preparado ou disposto a viver com outra mentira, e sabia que o pessoal das relações públicas ficaria em cima de nós fornecendo palavras cuidadosamente escolhidas para dizermos, pedindo privacidade em nosso momento de dor e desmentindo boatos desagradáveis. Ao inferno com todos eles. Era com Mbuso e Andile que eu me importava. Na época, eles tinham 12 e 9 anos. Quando meu pai estava morrendo, fiz a dolorosa descoberta de que tia Maki já sabia há algum tempo que ele tinha HIV e decidiu não contar para o resto da família. Senti a mesma onda de raiva de quando descobri que minha mãe havia escondido a verdade de mim.

Fiquei insistindo:

— Temos de contar a Mbuso e Andile. Isso não está certo.

— Não — disse ela. — Eles não precisam saber.

— Tia, isso vai estar na televisão internacional. Mesmo se você conseguir de algum modo impedir que eles vejam, os outros garotos da escola... garotos são animais. Não é culpa deles. Só vão naturalmente repetir o que ouviram em casa.

— Eles são crianças. Não conseguem entender.

— E é exatamente por isso que alguém que se importa com eles deve fazê-los se sentar e explicar os fatos! Você pode dizer que foi pneumonia, inventar qualquer história para justificar isso, mas as pessoas estão especulando. Elas não são estúpidas. E se você continua a negar os fatos, será cúmplice do estigma que o está matando.

— Não ponha a culpa em mim! Eu faço o que é certo para a minha família. Você não acha que esta família já passou pelo suficiente? Sofreu o suficiente? Agora somos responsáveis pelo mundo?

Continuamos assim, exaustos pela tristeza, discutindo sem chegar a lugar algum. Era um momento terrível para todos. Uma situação irremediável. Madiba estava perdendo seu filho. Tia Maki estava perdendo seu irmão. Cada um de nós estava passando por uma turbulência no próprio coração, e era difícil estendermos a mão uns para os outros. Qualquer discussão sobre o que alguém iria dizer ou não era irrelevante. Somos um povo patriarcal. Meu avô nos diria o que dizer ou não e, embora ele fosse um manifesto defensor de fundos para o HIV/aids e sua conscientização, pareceu-me que essa abertura em relação à aids só se aplicava a outras famílias, não aos Mandela. Entendi essa mensagem quando minha mãe morreu. Não esperava nada diferente agora e, embora nem sempre concordasse com o Velho, confiava nele para decidir o que era melhor para a família. Meu avô estava passando pelo inferno de perder um filho pela segunda vez, e eu estava preparado para apoiá-lo.

No fim de dezembro, passei meu 22º aniversário sentado com meu pai, tentando sorrir e conversar enquanto ele tossia e falava com uma voz áspera. Ele lutava contra a necessidade de dormir. Eu lutava para afastar as lembranças de ter passado pela mesma situação com minha mãe.

A crença xhosa tradicional é a de que, quando uma pessoa morre, seu espírito permanece no ambiente por algum tempo. Havia momentos em que meu pai ficava tão imóvel e com a respiração tão rasa que eu não sabia dizer se seu espírito estava dentro ou fora de seu frágil corpo. Durante aquele último mês, o Velho passou muitos dias no hospital. Às vezes, eu os ouvia falando baixinho, até mesmo rindo, mas na maior parte do tempo parecia que estavam apenas sentados lá juntos.

Meu pai, Makgatho Lewanika Mandela, morreu no dia 6 de janeiro de 2005. Ele foi um dos mais de cinco milhões de sul-africanos infectados pelo HIV na época. Um milhão e seiscentos mil sul-africanos já haviam morrido.

Deixamos o hospital, e a caminho do carro parecia que meu avô havia envelhecido quarenta anos. Ele se apoiava pesadamente em sua bengala, com os ombros caídos e um andar vacilante. Repórteres e paparazzi se precipitaram para frente gritando perguntas para Madiba enquanto tentávamos ajudá-lo a entrar no carro. O Velho se virou para eles por um momento. Tinha lágrimas nos olhos e a voz trêmula. Ele disse:

— Meu filho era um advogado por profissão, e realmente foi admitido como um advogado pelo juiz presidente de sua província, o que foi uma grande honra. Além disso, não tenho nada a dizer.

Naquela tarde, a família se reuniu em nossa casa em Houghton. Madiba havia marcado uma coletiva de imprensa mais tarde naquele dia, e queria que todos nós estivéssemos lá. Todos estavam muito emocionados. Todos tinham uma opinião diferente sobre o que deveria ser dito. Eu nem mesmo ergui os olhos para ver quem estava falando. Já ouvira tudo aquilo antes.

— Isso não é da conta de ninguém, é um assunto particular da família.

Eu estava familiarizado com a ginástica mental que as pessoas faziam para evitar a verdade.

— As pessoas não morrem do HIV. O vírus as enfraquece. A aids destrói seu sistema imunológico.

— Isso é verdade. É a pneumonia que mata você. Ou tuberculose. De fato, podemos dizer tuberculose.

— *Não!* — rosnou o Velho, e a sala ficou em silêncio. — Nós não diremos isso. Diremos que o HIV/aids o matou. Vamos parar de fazer rodeios. Precisamos combater o estigma, não o promover. Deveríamos dar publicidade ao HIV/aids, não escondê-lo. Porque o único modo de fazer com que pareça uma doença normal, como a tuberculose e o câncer, é dizer isso. Alguém morreu por causa do HIV. Se nós nos recusarmos a dizer isso, as pessoas nunca pararão de considerar a doença algo extraordinário.

Os repórteres já tinham se reunido no jardim atrás da casa, procurando ângulos para câmeras e empilhando microfones em uma mesa de centro que fora posta em frente de duas cadeiras, perto de uma cerca viva florida. Abelhas entravam e saíam zumbindo dos pálidos botões rosados, e Madiba afastou impacientemente uma de seu rosto enquanto Graça o ajudava a ir para sua cadeira e se sentava perto dele. Meus irmãos e eu ficamos atrás de Madiba, e o resto da família estava ao redor de nós, unida, respeitosa, olhando para frente com mandíbulas cerradas. Os cliques das câmeras e os zumbidos das abelhas vibravam dentro da minha cabeça. Esse era o último lugar do mundo em que eu queria estar naquele momento. Eu estava nervoso. Feliz por ter minha família ao meu redor. Grato por saber que estávamos fazendo a coisa certa. Eu poderia falar sobre meu pai sem me sentir um covarde.

O rosto de meu avô estava marcado pela tristeza, mas ele demonstrou muito pouca emoção. Falou do modo firme e ponderado como sempre falava. Começou com algumas palavras sobre "46664" e o trabalho da Nelson Mandela Foundation. Então disse:

— Quando iniciei essa campanha três anos atrás, não fazia ideia de que isso também afetaria um membro da minha família. Eu estava afirmando um princípio geral de que não devemos esconder a causa da morte em nossa respectiva família. Porque esse

A TRILHA PERCORRIDA

é o único modo pelo qual podemos fazer as pessoas entenderem que o HIV é um vírus comum. E foi por isso que eu chamei vocês hoje. Para anunciar que meu filho morreu de aids. Realmente reflete muito mal nos membros de uma família eles mesmos não se apresentarem e dizerem corajosamente: "Um membro de minha família morreu de aids." É por isso que tomamos a iniciativa de dizer que um membro de nossa família morreu. Nesse caso particular, meu filho.

Momentos mais tarde, essa revelação estava em toda a internet e nos noticiários da TV. O filho de Nelson Mandela havia morrido de HIV/aids. Era impossível abrir um jornal ou ligar a TV sem enfrentar o fato de que nossa nação e o mundo estavam sendo assolados por essa doença. E isso mudou as coisas. Enquanto você lê isto, o mundo mudou — talvez não o suficiente, certamente não rápido o suficiente —, mas algo realmente mudou naquele dia. Foi um momento inédito. Era a primeira vez que uma proeminente família sul-africana reconhecia abertamente que a causa da morte de um de seus membros era o HIV/aids. É impossível superestimar o que isso significou para milhões de pessoas que viviam com medo de buscar ajuda ou revelar sua condição de soropositivas, e para milhões de pessoas que as amavam.

Nós levamos meu pai para Qunu e o enterramos com todos os ritos e tradições de seu povo. Durante o funeral, fiquei sentado estoicamente entre Graça e tia Maki, sofrendo com a perda, lembrando a mim mesmo: *eu aguento, eu aguento*. Um homem aguenta.

Em 1974, o interno número 46664 de Robben Island escreveu para seu filho: "Não é fácil escrever para uma pessoa que raramente responde." Dói-me dizer que, durante grande parte da minha vida, eu soube exatamente como o prisioneiro se sentia. Desconectado. À margem. Eu amava meu pai, e sei que ele me amava, mas o estranho é que me sinto mais próximo dele agora do que me sentia quando eu era garoto. Acho que é porque agora estou com a idade que meu pai tinha quando minhas primeiras lembranças dele se formaram. Éramos uma família pequena relativamente feliz em Cofimvaba, e ele gerenciava a mercearia de minha avó. Meu pai era um bom homem. Trabalhava duro. Era humilde. Nem sempre estava presente em minha vida — não como eu queria que estivesse —, mas ele abriu a porta para outras figuras paternas que moldaram minha vida e meus ideais. Em primeiro lugar meu avô, e o pai de Kweku, meu tio Kwame, Walter Sisulu e muitos outros. Meu pai tinha orgulho de mim. Embora eu ainda não tivesse encontrado meu melhor eu, estava no caminho certo. Acho que ele morreu sabendo que eu ficaria bem, e espero que isso tenha facilitado o caminho para seu espírito persistente.

A morte de meu pai aumentou o desejo de meu avô de tornar o HIV/aids a última grande luta de sua vida, então eu gostaria de pensar que qualquer vida salva ou sofrimento atenuado naquela época e no futuro é, de certa forma, um presente de meu pai. Durante todo o seu mandato, a causa do HIV/aids estava próxima do coração de Madiba, porque ele não aguentava ver seu povo sofrendo — especialmente as crianças —, mas os desafios e assuntos de estado, durante aqueles anos, em sua maioria eram voltados para a transformação do governo colonial em uma democracia e do povo dividido em uma nação. Agora ele tinha a liberdade para escolher como gastar seu tempo e o resto de sua energia.

Na semana depois do funeral em Qunu, o Velho convocou outra coletiva de imprensa. Aquela profunda tristeza ainda estava presente nas rugas ao redor de seus olhos, mas ele fez uma tentativa de brincar com a imprensa reunida.

A TRILHA PERCORRIDA

— O que eu vim fazer aqui esta manhã é um apelo, mais do que um anúncio. Daqui a algumas semanas farei 86 anos, e isso é uma vida mais longa do que a da maioria das pessoas... Estou confiante de que ninguém presente aqui hoje me acusará de egoísmo se eu pedir para passar tempo, enquanto estou bem de saúde, com minha família, meus amigos e também comigo mesmo.

Os jornalistas riram um pouco hesitantemente, como se não soubessem bem aonde ele queria chegar com essa linha de pensamento.

— Quando eu disse a um de meus consultores, alguns meses atrás, que queria me aposentar, ele rosnou: "Você está aposentado!" Se esse é realmente o caso, então devo anunciar agora que estou me aposentando da aposentadoria.

186

11

Akukho rhamncwa elingagqumiyo emngxumeni walo.
"Não há fera que não ruja em seu próprio covil."

Pouco tempo depois de Madiba se aposentar, Richard Branson e Peter Gabriel procuraram meu avô e Graça com a ideia de formar um pequeno grupo de pessoas que poderiam direcionar a sabedoria de seus anos e se beneficiar de sua experiência para a resolução de conflitos e solução de problemas, como a mudança climática e a pandemia global de aids. Eles demoraram alguns anos para convencer o Velho. A resposta inicial de Madiba foi: "Não sei se o resto do mundo quer muitos velhos envolvidos." Eles apresentaram o irresistível argumento de que, embora a confiança nas instituições e nos governos estivesse diminuindo, certas pessoas mantinham um nível de autoridade moral. Quando

A TRILHA PERCORRIDA

elas falavam, pessoas lhes davam crédito. Quando agiam, pessoas acreditavam que isso não envolvia interesses ocultos e era para o bem de todos.

No lançamento oficial de The Elders ["Os anciãos", em tradução livre], em Joanesburgo, em 18 de julho de 2007, dia do aniversário de 89 anos de meu avô, ele disse:

— Vamos chamá-los de Global Elders, não em virtude de sua idade, mas de sua sabedoria individual e coletiva. A força desse grupo não provém de poder político, econômico ou militar, mas da independência e integridade daqueles que estão aqui. Eles não têm carreiras a construir, eleições a vencer, eleitorado a agradar. Podem falar com quem quer que seja como quiserem, e são livres para seguir caminhos que consideram certos, mesmo se imensamente antipopulares.

Os Elders originais eram homens e mulheres de várias raças, etnias e credos, inclusive o arcebispo Desmond Tutu, o ex-presidente dos Estados Unidos Jimmy Carter, a ex-presidente da Irlanda Mary Robinson e Kofi Annan.

— Usando sua experiência coletiva — disse Madiba —, sua coragem moral e sua capacidade de se posicionarem acima das questões de âmbito restrito de nação, raça e credo, eles podem ajudar a tornar nosso planeta um lugar mais pacífico, saudável e justo para se viver. — Ele exortou The Elders e todos aqueles reunidos no auditório a "incentivar a coragem onde há medo, promover o consenso onde há conflito e inspirar esperança onde há desespero".

Achei uma ideia maravilhosa. Estava me dedicando de corpo e alma aos meus estudos, trabalhando duro para obter meu diploma de Ciências Políticas e Relações Internacionais, desenvolvendo minhas próprias ideias sobre direitos humanos e história, e chegando à conclusão de que os problemas da próxima geração seriam muito diferentes dos desafios enfrentados por nossos pais e avós.

Perguntei ao meu avô:

— Em um nível prático, o que é preciso para efetuar essa mudança em grande escala de que eles estão falando? Sem poder político, eles estão limitados a uma espécie de função de consultoria, ou realmente podem fazer alguma coisa?

— Esses meus caros amigos têm uma longa história de fazer as coisas que se propõem a fazer — disse ele. — Estou certo de que, se Tutu tiver algo a ver com isso, eles insistirão em assumir o espírito de *ubuntu*.

Nas palavras do Velho, *ubuntu* é "aquele sentimento africano profundo de que nós só somos humanos através da humanidade de outros seres". Poderíamos pensar que isso seria fundamental para a ideia de política, uma palavra que vem do grego *politikos*, "cidadania", mas às vezes é difícil estabelecer uma conexão entre ambos, até mesmo para Nelson Mandela. Contudo, nos anos seguintes à morte do meu pai, seu trabalho mudou notavelmente na direção das questões culturais e sociais. Ele estava muito interessado no pensamento dos jovens e apreciava longas conversas comigo e com seus outros netos, mas ele não era tão previsível como quando eu era criança.

Meu avô ainda se importava com protocolo, mas lembro-me de uma ocasião em que ele, Graça e eu estávamos na Europa em um jantar oferecido por membros de uma família real, e fiquei horrorizado ao ver duas pessoas à nossa mesa acenderem cigarros assim que se sentaram perto de meu avô. Elas fumaram um cigarro após o outro durante toda a noite. Esse era o tipo de coisa que o teria irritado muito em anos passados, mas ele ficou sentado lá conversando alegremente com essas pessoas enquanto elas fumavam dois maços cada.

A TRILHA PERCORRIDA

Odiei a conclusão a que cheguei nos recônditos de minha mente: *ele realmente está ficando velho.*

Durante meu último ano da universidade, tentei passar o máximo possível de tempo em casa. Eu me vi preocupado com o Velho, sendo protetor com ele, questionando a energia que ele dedicava a tantas causas e ocasiões que exigiam que viajasse. Eu o acompanhava sempre que podia, mas na maior parte do tempo me concentrava em meus estudos — o que era o que ele queria que eu fizesse —, por isso era bom saber que Graça estava lá para ele. Quando comecei a saber mais sobre o negócio de gado e o mundo sem fins lucrativos, desenvolvi minhas próprias opiniões sobre essas instituições, e embora nem sempre concordássemos, meu avô sempre queria ouvir o que eu tinha a dizer.

Um dia, estávamos falando sobre alguém com quem ele fizera negócio e eu comentei que essa pessoa me lembrava um pouco uma cobra.

— Uma cobra? — disse o Velho, surpreso com minha escolha da palavra. — Mas você sabe que ele e eu somos amigos há muitos anos, e nunca tivemos uma desavença. Nem uma única desavença!

— Então algo está errado — disse eu. — Duas pessoas nunca concordam cem por cento, vovô. Alguém nesse relacionamento não está sendo verdadeiro, e sei que não é você.

Ele digeriu aquilo e assentiu.

— Isso é verdade. Uma característica comum partilhada por Sisulu e Kathrada, uma parte essencial de nossa amizade, é que eles nunca hesitaram em me dizer que eu estava errado. Valorizo muito isso. O verdadeiro amigo é o espelho em que você se vê precisamente.

Eu era grato por o Velho ser aquele espelho para mim, e significava muito ver que eu havia começado a recuperar sua confiança em mim. Aquela confiança continuou a aumentar ao longo dos anos, e nunca a dei como certa. Um dia, durante o último ano da vida dele, Mama Xoli me chamou na cozinha e disse:

— Ndaba, por favor, suba para o quarto de seu avô. — Ela me disse que tinha visto Graça entrar no quarto de Madiba com o médico dele e o velho amigo ao qual eu me referira como uma cobra. — Não estou com um bom pressentimento — disse Mama Xoli. Eu também não estava. Meu avô tinha ficado muito frágil. Ele e Graça dormiam em quartos separados, mas sempre havia uma enfermeira com ele — duas enfermeiras na maior parte do tempo — e, quando subi, não vi nenhuma enfermeira. Meu avô estava na cama, com os três ao seu redor. Ele tinha uma caneta na mão e um papel na sua frente.

— *Yintoni le?* — disse em isiXhosa. (— O que é isso?)

Graça disse:

— Ndaba, seu avô está ficando muito velho e o banco está começando a questionar a assinatura dele nos cheques. — Ela deu uma longa explicação sobre como as mãos dele estavam trêmulas, fazendo com que a assinatura não fosse tão nítida quanto deveria ser, o que era um inconveniente quando precisavam de dinheiro para supermercado e pagar contas. O ponto principal era que ele estava assinando uma procuração dando acesso à sua amorosa esposa e a dois amigos próximos à sua conta bancária. Quem questionaria isso no banco? Graça tocou na caneta na mão dele e disse:

— Tudo bem, Madiba. Explicamos isso para Ndaba. Você pode assinar agora.

O Velho ergueu os olhos para mim e eu disse:

— *Unga linge ubhale lo-phepha.* (— Não assine esse papel.) — O fato de nenhum membro da família estar incluído nesse arranjo me deixava desconfortável.

— Por que você não está falando em inglês? — perguntou o velho amigo.

— Ele é meu avô — respondi. — Por que eu não falaria em nossa língua?

— O que você está dizendo?

— Isso é entre mim e meu avô.

Houve um pouco de discussão, implorando a ele para assinar, querendo saber o que eu estava lhe dizendo, mas o resultado foi que ele se recusou a assinar, e depois de algum tempo eles ficaram frustrados e foram embora. Chamei tia Maki e lhe perguntei o que ela achava disso tudo. Ela me disse para pegar o papel e lhe mostrar, e eu consegui fazer isso. No dia seguinte, Graça procurou tia Maki e disse que tinha pedido uma versão diferente que incluísse as filhas de Madiba.

— Para ser transparente — disse ela, e tia Maki ficou satisfeita com isso.

Quanto a mim, esse momento me fez perceber que meu avô precisava que eu ficasse perto dele. Não estou dizendo que havia tratos nefastos ou acusando alguém de irregularidades, mas a conclusão que tirei disso tudo é que a confiança é frágil e a família é forte. No fim de sua vida, quando estava mais vulnerável, o Velho soube que eu o protegia como ele sempre havia me protegido.

Em dezembro de 2008, fiz minhas provas finais. Os resultados saíram em janeiro, e quando os mostrei para o Velho, ele ficou satisfeito, o que foi bom. Ele deu um grande sorriso e me ofereceu a palma de sua mão para que eu batesse nela com a minha.

— Você obteve seu diploma — disse ele.

— A formatura é em abril — disse eu. — Você vai?

— É lógico! Com certeza. Fale com o pessoal da segurança. Providencie tudo.

Enquanto a data se aproximava, eu tomava as providências quanto à segurança. Tudo estava certo e pronto. Fui buscar minha toga. Ficou bem? Sim. Bom. Tudo está bem.

No dia da formatura, saí do carro primeiro e fui para onde deveria ir, me sentar com o resto dos formandos. Tinha reservado lugares para meu avô, Graça e Mandla, mas o Velho sugeriu todo um setor reservado porque não queria que outros pais fossem impedidos de comparecer.

Então finalmente todos estavam em seus lugares. Por motivos de segurança, Madiba tinha de chegar por último, e quando ele entrou, o lugar explodiu em grande alegria. Todos se levantaram, batendo palmas, muito felizes em vê-lo.

— Madiba está aqui! Madiba! Madiba! — As pessoas se perderam naquele momento.

A cerimônia começou. Esperei meu nome ser chamado. Havia pensado muito sobre o que queria fazer quando fosse para o palco. Todos tinham suas próprias ideias. Eu havia optado por um cartaz do Black Power — o símbolo do CNA, União Negra, Poder Negro. Naquele dia, Madiba ergueria seu punho no ar e gritaria: *Amandla!* ("O poder!") E todas as pessoas gritariam de volta: *Ngawethu!* ("É nosso!") Então esse era o meu plano.

Ouvi meu nome e engasguei. Não sei o que aconteceu. Foi como se em um minuto eu estivesse lá, e no minuto seguinte chamaram meu nome e eu travei. Foi só uma fração de segundo, mas pareceu uma vida inteira. Olhei para a multidão e vi meu avô. O olhar em seu rosto era de total orgulho, total felicidade, seu lindo sorriso com uns cinco quilômetros de largura. Foi como se todas as lembranças, todos os momentos da minha vida, passassem por minha espinha — do *toc! toc! toc!* do gás lacrimogêneo ao calor do *iboma*. Sorri de volta para o Velho e fiz um modesto movimento de batida do meu punho no dele apenas para dizer *obrigado*.

E então andei pelo palco, um homem educado, e reivindiquei o futuro pelo qual meu avô tinha lutado e sofrido.

Mais tarde, fui ao encontro de Madiba e Graça, sem pressa, porque sempre tento evitar as câmeras. Não houve nenhum anúncio de que Madiba estaria presente, mas alguns paparazzi imaginaram que provavelmente ele estaria ali. O detalhe da segurança os manteve a uma razoável distância, mas muitos dos estudantes e seus familiares queriam autógrafos e fotos com Madiba.

— Muito prazer. — Ele estendia a mão quando eles se aproximavam. — Eu sou Nelson Mandela.

Quando caminhamos para o carro, brinquei com meu avô sobre isso.

— Você realmente acha que precisa se apresentar?

— Eu não suponho — disse ele. — Certa vez, no Caribe, um cavalheiro e sua esposa passaram por mim na calçada. O cavalheiro disse: "Querida, veja, é o Sr. Mandela! Sr. Mandela!" Ela me disse: "Ah, pelo que o senhor é famoso?" Eu não sabia como responder a essa pergunta.

Eu ri e ele segurou meu antebraço

— Parabéns, Ndaba.

— Obrigado, vovô.

— Você deveria estar muito orgulhoso de si mesmo.

Pensei sobre isso e concluí que estava. Havia atingido o objetivo que significava tanto para meu avô, mas no final das contas fizera isso por mim mesmo — e, é óbvio, era o que ele queria o tempo todo.

— Então, agora o que você vai fazer? — perguntou ele.

— Procurar um emprego.

— Bom, bom — disse o Velho. — Primeiro vamos almoçar.

*

Era uma vez uma árvore mágica que cresceu tão alto e com galhos tão largos que projetava sua sombra sobre toda uma aldeia. O sol foi bloqueado, as plantações não se desenvolveram e as pessoas sentiam frio e fome. Então o chefe enviou seu homem mais alto e forte para cortar a árvore. Mas um pássaro que vivia no topo dela começou a cantar, *"Esta árvore me pertence! Esta árvore me pertence!"* O homem ouviu essa canção encantada e ficou paralisado — totalmente incapaz de usar o machado. O chefe enviou o segundo homem mais alto, o terceiro, o quarto e assim por diante. A canção paralisou todos os homens grandes. Enquanto isso, as pessoas da aldeia tremiam e estavam famintas.

— Enviem seus filhos para cortar a árvore — disse uma sábia anciã.

O chefe achou que ela estava maluca.

— Como meus filhos pequenos poderiam cortar uma árvore que não pôde ser derrubada por esses homens altos?

Mas ele estava desesperado, então enviou sua filha e seu filho pequenos, e logo a árvore veio ao chão. Veja bem, as crianças não eram tão altas. Estavam mais perto do chão, por isso não podiam ouvir o pássaro, e a canção encantada não teve nenhum poder sobre elas.

Espero que quando as crianças ouvirem essa história parem e pensem no poder que têm nas mãos.

— Cabe à juventude — disse Madiba —, decidida e finalmente, livrar a sociedade das definições limitadoras e discriminatórias de nosso passado. — Penso que a palavra-chave nessa afirmação é *definições*. Enquanto a geração antes de nós foi definida pelo apartheid, pela educação bantu e pela pobreza, minha geração e nossos irmãozinhos e irmãzinhas, os nascidos livres, estão vivendo o novo léxico. Nós usamos a linguagem racionalizada da tecnologia, e estamos criando a cultura em que queremos viver.

A TRILHA PERCORRIDA

Eu me formei na universidade com todas essas ideias em minha cabeça. Durante anos, Kweku e eu pensamos muito em modos de tornar a África melhor aos olhos do mundo e, mais importante ainda, aos olhos dos próprios africanos. Agora começamos a falar em termos concretos sobre esse sonho de longo alcance, que foi nada menos do que um completo renascimento africano, uma revolução cultural, usando todos os poderes da educação, do empreendedorismo, das redes sociais, da música, dos filmes, da televisão, da moda, de podcasts — toda a tecnologia que une os millennials — imbuídos da antiga alma criativa africana. Inspirados pelo passado e apostando no futuro, criamos uma fundação chamada Africa Rising.

O pontapé inicial foi dado em uma reunião informal. Simplesmente chamamos alguns amigos e os convidamos a chamar os deles. Esperávamos que talvez dez pessoas viessem. Vieram 25. Aquilo foi como uma onda de eletricidade. Não sei por que isso me surpreendeu. É óbvio que Kweku e eu não éramos os únicos que tínhamos esses pensamentos. Em toda a África, a juventude, não importava no que estivesse interessada — esportes, música, negócios, moda —, estava chegando à mesma conclusão que nós. Eles tinham sonhos e ideias, e queriam oportunidades e meios de tornar todos os seus sonhos realidade. Ficamos naquela sala cheia de empreendedores, pensadores criativos, agentes de mudança e artistas, sabendo que algo importante estava acontecendo. Um período de transformação já havia começado.

Kweku e eu procuramos nosso avô e o convidamos a ser administrador honorário, sabendo que enfrentaríamos a mesma hesitação que Branson e Gabriel tiveram de vencer. O Velho não ia aceitar isso apenas porque nos amava. Tínhamos uma declaração de missão decorada, respostas para questões logísticas e uma lista de objetivos sólidos.

Eu disse para meu avô:

— Nosso objetivo é pôr fim às ideias erradas do mundo sobre a África... mudar a imagem que surge automaticamente na cabeça das pessoas... para aumentar o orgulho, a dignidade e a confiança dos jovens africanos. Isso tem de começar aqui. E não como outra ONG. Temos de dar poderes à juventude através da educação, do empreendedorismo da tecnologia... de tudo isso... mas também aumentar seu orgulho e sua confiança para que eles possam dizer: "Eu sou africano. Sei o que significa ser africano, e me orgulho disso." Temos de trabalhar juntos e fazer isso por nosso próprio povo. Não será a Ásia, a Europa ou a América que criarão uma África próspera.

Ele ouviu, e assentiu.

— Começar como?

— Primeiros passos práticos — respondi. — Educação. Controle do HIV/aids. Campanhas nas redes sociais. Cultivar uma nova geração de líderes africanos, desenvolver em larga escala programas para alunos de ensino médio e universitários. Participar de festivais e conferências. Ir para todos os lugares que pudermos, falar com todos com quem pudermos. Falar diretamente quando virmos algo ruim, e, quando virmos algo bom, exaltá-lo para inspirar as pessoas. Vovô, pense em como todas aquelas coisas dos anos 1960 seriam diferentes se tivéssemos as redes sociais, podcasts... todo o poder das pessoas multiplicado por duzentos milhões. É isso que temos bem aqui em nossas mãos. Poderíamos literalmente conseguir *tudo*.

Durante toda a minha vida, meu avô nunca me pressionou a fazer uma ou outra coisa. Sua reação, positiva ou negativa, era sempre ponderada. Ele nunca ficou superentusiasmado, como: "Ah, rapaz! Sim! E você também poderia fazer isto, aquilo ou essa outra coisa." Ele assentia e dizia um circunspecto: "Bom. Muito

A TRILHA PERCORRIDA

bom." Dessa vez não foi diferente, mas ele realmente concordou em se tornar um administrador honorário.

— Escreva uma carta — disse ele. — Vou examiná-la.

Escrevi a carta, e nós a revisamos e editamos. Quando ele a assinou, disse:

— Você deve perguntar a Thabo Mbeki o que ele acha dessas coisas. Ele conhece os jovens melhor do que eu.

Eu duvidava que isso fosse verdade, mas me lembrei do que meu avô disse sobre aquele corajoso espelho que seus amigos ergueriam para você, e soube que Kweku e eu poderíamos confiar no presidente Mbeki para dar uma opinião honesta.

Eu caí em um padrão que alguém poderia chamar de "rebelião responsável". Estava determinado a abrir um caminho para mim independentemente do seguido por Madiba, mas tinha um profundo senso de responsabilidade em relação a ele e ao nome Mandela. Não agia mais por impulso; refletia antes de fazer uma declaração ou agir. Enquanto Kweku e eu continuávamos a lançar as bases para a Africa Rising, durante o dia eu trabalhava na embaixada japonesa e passava minhas noites fazendo pesquisas em meu laptop ou em companhia de meu avô, assistindo a esportes, falando sobre política ou o gado. Se meu avô queria ir a algum lugar, gostava que eu tratasse dos detalhes da segurança. Também gostava que eu lhe levasse os jornais. Às vezes, ele precisava de ajuda para ir da sala de estar para a mesa de jantar. Pequenas coisas desse tipo.

Eu tinha minha própria cabana nos fundos da propriedade dele, mas ainda ia para casa nos fins de semana e o via sempre que podia. O Velho estava ficando frágil. Nosso relacionamento completou o ciclo quando passei a cuidar dele com o mesmo instinto protetor que o levara a cuidar de mim quando eu era garoto. Eu organizava saídas e visitas. As pessoas diziam: "Ei, essa pessoa está na cidade e gostaria de se encontrar com seu avô." Ele ficava feliz em se encontrar com líderes e dignitários estrangeiros, e também se sentia bem com a maioria das celebridades. Adorava Mama Obama e a família dela, e sempre gostava de ver seu velho amigo Holyfield. Em geral, ficava feliz em ver pessoas, por isso, quando tia Zindzi perguntou se eu facilitaria uma breve visita que havia programado para R. Kelly, eu disse que sim.

Ela falou para o Velho sobre a filantropia e os esforços de Kelly para ajudar africanos e afro-estadunidenses, famílias de militares e crianças carentes.

— Ele é um músico brilhante e realmente uma boa pessoa — disse Zindzi. — Está na África, e quer viajar para cá para conhecê-lo e cantar algo para você.

O Velho concordou. Não sei se ele sabia sobre a "controvérsia" em torno do homem, e eu não quis sabotar minha tia mencionando isso. Meu avô disse para dar o sinal verde para o pessoal de R. Kelly, e eu dei.

No dia marcado, a comitiva apareceu e todos nós pensamos: "Ei, como vai ser isso?" Tudo bem. Nós vamos para a sala de estar de meu avô, e R. Kelly disse muito respeitosamente:

— É uma honra conhecê-lo, senhor. Obrigado por arranjar tempo para me receber, Madiba. — E foi aí que ficou estranho. O Velho apenas ficou sentado lá. Não pronunciou uma só palavra. Alguém disse algo sobre R. Kelly fazer um concerto beneficente para a Special Olympics, em Angola. Nada. Ele ficou sentado lá como Stonehenge.

Nesse meio-tempo, R. Kelly quis cantar para Madiba. Há um piano na área de estar, e com rodinhas embaixo, então alguns seguranças o empurraram para o meio da sala. Meu avô viu aquilo e rugiu:

A TRILHA PERCORRIDA

— Ei, o que vocês estão fazendo com meu piano?

Eu pus minha mão no braço dele.

— Vovô, tudo bem. Vovô, eles só o estão empurrando um pouco mais para perto para você ouvir melhor.

Meu avô:

— Humpf. Está bem.

Então R. Kelly foi para o piano, e tocou lindamente, mas bem no meio da canção meu avô estendeu o braço para a mesa lateral, pegou seu jornal e o abriu ruidosamente na sua frente. Eu pensei: *Ah! Droga.* Isso foi indelicado.

— Vovô, por favor, deixe o homem terminar.

Ele dobrou ruidosamente o jornal em seu colo. R. Kelly terminou e todos bateram palmas. Ele veio se sentar na cadeira perto de meu avô e agradeceu a Madiba pela visita e por ser tamanha inspiração. Alguém tirou uma foto. Novamente o Velho ficou sentado mudo como uma porta, e então R. Kelly apertou minha mão e disse:

— Ei, cara, obrigado. Foi ótimo.

— Ndaba — disse meu avô. Ele ergueu o jornal e apontou para uma foto de um famoso jogador de rúgbi sul-africano. — Você sabe quem é esse?

— É, hum... é Bryan Habana, vovô.

— Bom.

Ele abriu o jornal e continuou com sua rotina matutina enquanto eu conduzia todos para a porta.

Eu não sabia o que dizer. Aquilo era totalmente contrário à natureza do meu avô, que sempre era respeitoso, humilde, generoso e aberto, e me criou para ser igual. Voltei para a sala de estar e me sentei perto dele de novo, pensando: *O que aconteceu?*

— Como você está hoje, vovô? Está se sentindo bem? — perguntei.

— Bem. Eu estou bem — disse ele. — Como você está hoje, Ndaba?

— Eu... uau. Estou bem, vovô. Mas acho que já vou indo.

Eu me senti mal por R. Kelly. Há poucas coisas piores do que se encontrar com seu herói e ele se revelar outra pessoa, mas duvido seriamente que haja heróis que de fato são as pessoas que se esperava que fossem. É como idolatrar seu irmão adulto. Meu avô nunca quis ser idolatrado dessa maneira. Ele foi humilde durante sua vida inteira. Sabia que os heróis que tinham a queda mais dura eram aqueles que se deixavam levar pelos seus RPs.

Sinceramente, eu não sabia o que concluir desse incidente, mas decidi não permitir mais nenhuma visita em casa. Já havia concordado com um pedido de Kanye West, por isso tive de dizer ao pessoal dele: "Kanye ainda poderá vir à nossa casa e conhecer a família, mas Madiba não poderá vê-lo." Até onde sei, ele não ficou chateado, mas tinha zero interesse em conhecer qualquer um de nós se não fosse para se encontrar com O Mandela que Importa. Meu avô nunca fez esse tipo de distinção. Eu sabia que o incidente com R. Kelly havia sido outra coisa. Pensei muito sobre isso. Por que ele apontou para aquela foto de Habana?

Só fui chegar à minha interpretação disso algumas semanas depois. Acho que ele estava basicamente dizendo: "Olhe, cara, eu vejo todos esses artistas estadunidenses e não me importo de me encontrar com eles, mas você sabe quem é *esse?*" Kweku e eu falamos muito sobre melhorar a imagem da África, mas eu tinha de admitir que era muito difícil ignorar a constante luz estroboscópica das celebridades estadunidenses em todo o mundo. Era como: "Ei, seu amado ícone sul-africano está ali, mas espere... espere, *o quê?* Jay-Z! Peguem as máscaras de oxigênio!" Então talvez aquilo não tivesse nada a ver com R. Kelly, afinal de contas. Talvez ele estivesse me dizendo para desviar os olhos daquele letreiro em néon onde estava escrito "Estados Unidos!" e ver a grandeza ao meu redor bem aqui em meu próprio país. Meu avô estava me perguntando: "Você conhece seus próprios heróis africanos?"

Porque somente as crianças — os jovens — não ouvem aquela canção encantada. Devemos estar perto o suficiente do chão para ainda pensar que a riqueza e a fama são ilusões. Porque são. E não importa quem você seja e onde viva, se não tiver uma playlist africana em seu Spotify, realmente está perdendo algo.

Talvez tenha sido isso que meu avô estava tentando me dizer.

Ou talvez ele estivesse apenas constipado. Ou suas meias o estivessem incomodando. Ele sempre havia sido muito reservado. Era um mecanismo de sobrevivência para ele quando precisava, e, quando não precisava mais, era o que costumava ser. Como ao construir a réplica da casa do guarda em Qunu. Já era velho quando saiu da prisão. Depois que Walter Sisulu morreu, Madiba disse: "Nós vimos as costas um do outro se curvarem ao longo dos anos." Agora ele estava na casa dos noventa. Então não tendia a mudar, e tendo dedicado toda a sua vida ao bem dos outros, conquistara o direito de ser reservado. Todos nós ficávamos felizes em acomodá-lo enquanto ele mantinha sua velha rotina: café da manhã, jornais, às vezes um pouco de TV — boxe ou NatGeo — seguida do chá da tarde. De vez em quando, havia um susto relativo à saúde, e o estresse disso era aumentado por todos que especulavam sobre sua morte a cada vez que ele ia para o hospital. Não importava se ele estava sendo tratado de pneumonia ou uma unha encravada; podíamos contar com os repórteres nos cercando sempre que saíamos pela porta.

Às vezes, tia Maki ficava irritada com isso.

— Que outro presidente teve de aguentar essa intromissão em sua vida particular? Nenhum! Nunca houve um presidente branco tão vigiado.

Eu poderia ter salientado para ela que nunca houve um presidente branco tão amado, mas quando tia Maki está irritada é melhor deixá-la em paz.

Cuidar de um idoso é a maior honra, e tentei adequar a minha vida o máximo possível às necessidades de meu avô. Ele reduziu suas saídas ao mínimo, mas nada o impediu de ir ao hospital quando meu filho Lewanika nasceu. Todas as enfermeiras e os médicos ficaram empolgados em ver o bisavô dele, mas mantiveram a atmosfera calma e silenciosa da ala da maternidade. Madiba se sentou em uma cadeira, segurando o bebê nos braços, cantando baixinho uma antiga canção xhosa. Eu gostaria de ter lhe pedido que a ensinasse para mim. Não me lembro dela. Mas ela ainda está lá, em algum lugar nas profundezas do espírito de Lewanika, perto de onde sua Lenda é guardada.

— Que nome eu deveria lhe dar? — perguntei.

Meu avô disse:

— Por que não o chama de Ngubencuka? — (O nome de um ancestral xhosa que significa "o cobertor do lobo".)

Eu assenti.

— Gosto desse como um nome do meio. Acho que o primeiro nome deveria ser Lewanika, em homenagem ao meu pai.

O velho sorriu.

— Bom. Lewanika. Muito bom.

Depois disso achei mais difícil ficar longe de casa, mas havia muitas coisas acontecendo. Eu me tornei embaixador global do Programa Conjunto das Nações Unidas sobre o HIV e a aids. Kweku e eu fomos para o Brasil, para as favelas e áreas periféricas, e falamos com administradores de orfanatos e profissionais do sexo, incentivando-os a manter a luta contra a desinformação e a devastação do HIV/aids. Prometemos ajudar a quebrar o silêncio e reivindicar um lugar na sociedade. Vimos os modos como a tecnologia moderna poderia ser usada para conectar necessidades a necessitados, não só aqueles com HIV/aids como também aqueles com malária, tuberculose e assim por diante. A luta para aumentar a expectativa de vida era um ponto alto em nossa agenda, mas sentimos fortemente que era impossível abordar isso — ou qualquer outro tema — sem abordar a impressionante desarticulação econômica entre a minoria esmagadoramente branca que representava quinze por cento da população e controlava noventa por cento da riqueza da África do Sul.

Em uma breve parada em casa, ajudei meu avô a ir para o jardim, onde podia se sentar em uma cadeira e tomar um pouco de ar fresco. Ele estava calado, mas eu estava totalmente envolvido em tudo que estava fazendo.

— O empreendedorismo é fundamental para a economia, certo? E a educação é fundamental para o empreendedorismo. Quero dizer, acabei de voltar da França, um país lindo. Em todos os lugares para onde você olha há arte, arquitetura. Isso é ótimo. Mas vejo uma estátua de ouro no alto de um prédio e penso: "Hum. Interessante. Não vejo muitas minas de ouro na França. Eles ao menos têm uma?" Então pesquiso um pouco e, é óbvio, aquele ouro, aquela estátua em particular, veio da África. De Mali, para ser exato. E então olho para Mali e vejo aquela eterna pobreza, e olho para Paris. Não vejo nenhuma pobreza lá, ou vejo muito pouco.

O Velho bufou e ergueu as sobrancelhas. Ele andava lutando contra uma tosse persistente.

— Eu sei, eu sei — disse eu. — Existe pobreza em Paris. Sei disso, mas não vejo nenhum parisiense arriscando sua vida remando em uma diminuta jangada através do mar Mediterrâneo para Mali, não é? Isso não acontece. Não tem a ver com pobreza, tem a ver com oportunidades.

— Então, o que você quer dizer com tudo isso? — perguntou meu avô. — O que está dizendo para eles? "Devolvam meu ouro! Deixem meu povo para lá!"

— Não, eu não estou dizendo: "Deixem meu povo para lá." Estou dizendo: "Deixem meu povo *viver*." Deixem meu povo ser recompensado por seu trabalho. Pague-lhe o justo por seus recursos naturais. Não deem três euros para uma instituição de caridade ajudá-los. Ajudem meu povo a criar unidades de processamento, universidades e infraestrutura.

Essa não foi minha última conversa com meu avô. De algum modo, eu gostaria que tivesse sido. Ele ainda gostava de discutir essas grandes ideias e questões, e ficava feliz em ver a mim e Kweku enfrentando-as.

Em dezembro de 2013, Kweku e eu estávamos no Brasil para participar de eventos relacionados com a Copa do Mundo, com uma agenda apertada de mídia e aparições. Tia Maki telefonou e disse:

— Madiba está muito doente, Ndaba. Você e Kweku deveriam vir para casa.

— Hum... está bem. Sim. Nós vamos acelerar isso, mas temos de fazer essa coisa amanhã, tia Maki. Não há como escapar. Vamos para casa logo em seguida.

Depois que desliguei, disse para Kweku:

— Era só a tia Maki. Ela está sempre nos dizendo para ir para casa quando Madiba está doente, e sempre que vamos ele está bem. — Chegamos a conclusão de que deveríamos ir depois do último evento, o sorteio dos grupos da Copa do Mundo.

Em minha mente, ele era um cedro forte. Meu invencível avô. A ideia de nunca mais vê-lo era impensável. Então eu não pensei nisso. Pensei em tudo que tínhamos de fazer no dia seguinte. Mas, no dia seguinte, tia Maki telefonou de novo. Falou com Kweku primeiro. Ele não disse nada. Apenas me estendeu o telefone. E eu não disse nada. Apenas ouvi.

— Ele se foi — disse ela.

As palavras atingiram a parte de trás de meus joelhos como um machado. Tive de dizer a mim mesmo para piscar os olhos. Respirar. Força e estoicismo são duas qualidades talhadas em meu caráter desde que eu era um garotinho. Como já havia perdido minha mãe e meu pai, sabia que esse soco inicial na garganta passaria, e depois uma onda de tristeza me atingiria e duraria muito tempo. Chorei muito naquele dia. Nunca chorei assim antes ou depois. Meu irmão Kweku me ajudou, e uns dez minutos depois fui para o banheiro jogar água fria em meu rosto. Nós demos alguns telefonemas, providenciamos voos e fizemos a viagem de carro de duas horas de volta para nosso hotel, em silêncio.

Ndaba.

Sim, vovô?

Estou pensando em ir passar o resto dos meus dias no Cabo Oriental. Você vai comigo?

Sim, é óbvio.

Bom. Bom.

Eu fui com ele para o Cabo Oriental. Minha família e eu. Dirigimos pelo que pareceu uma eternidade, através das colinas ondulantes e vastas savanas para um lugar antes chamado Transkei. O governo colonial havia deixado de lado essa "terra natal" (que poderia ser descrita melhor como uma "reserva", mas só porque era incômodo chamá-la de um "campo de concentração") em que eles podiam depositar negros enquanto os humilhavam e roubavam, separavam suas famílias e os isolavam do resto do mundo.

E então veio Nelson Mandela.

Akukho rhamncwa elingagqumiyo emngxumeni walo.

— Não há fera que não ruja em seu próprio covil.

Só você pode reinar sobre seu próprio espírito. Nenhum peso, nenhuma lança, nenhum opressor pode lhe tirar sua autossoberania. Enquanto meu avô estava em Robben Island, ele escreveu para o comissário de prisões: "Nunca em minha vida eu considerei nenhum homem meu superior fora ou dentro da prisão."

Sua determinação — sua verdade — é a voz que ruge dentro de você. Meu avô me ensinou a ouvir essa voz dentro de mim mesmo.

Ubuntu
Epílogo

O mundo chorou a morte de Madiba. Todos os meios de comunicação estavam repletos de elogios e tributos. Aonde quer que eu fosse, ouvia o som da voz ressonante dele na TV, no rádio e na internet. Dignitários, líderes mundiais, presidentes estadunidenses e celebridades lotaram os camarotes em seu funeral em Qunu, e dezenas de milhares assistiram a um serviço fúnebre no estádio de futebol em Soweto. Eu fiquei diante da multidão, em Qunu, e li a história da vida de meu avô.

— Foi com profunda tristeza que o governo e o mundo tomaram conhecimento da morte do pai da democracia sul-africana, Nelson Rolihlahla Mandela. Ele morreu em paz na companhia de sua família por volta das 20h50, em 5 de dezembro de 2013. O homem que se tornou um dos maiores ícones do mundo nasceu em Mvezo, Transkei, em 18 de julho de 1918, de Noqaphi Nosekeni e Gadla Henry Mandela. Seu pai era o principal conse-

A TRILHA PERCORRIDA

lheiro da casa real thembu. Depois da morte de seu pai, em 1927, o jovem Rolihlahla foi tutelado pelo chefe Jongintaba Dalindyebo e regente da nação Thembu.

"Foi no lar e na casa real thembu que sua personalidade, suas visões políticas e seus valores foram formados. Sem dúvida o jovem realizou algumas das mudanças mais significativas e notáveis na história e política sul-africanas. Foi através de Mandela que o mundo enxergou a África do Sul e prestou atenção à severa e organizada repressão aos indivíduos negros sul-africanos. Contudo, também foi através de Mandela que o mundo viu o espírito de resistência, o triunfo do perdão e a beleza da reconciliação. De fato, a história de Nelson Mandela é em grande parte a história da África do Sul.

"Quando tinha apenas 25 anos, Nelson Mandela se juntou ao Congresso Nacional Africano. Sua carreira política se estenderia por mais décadas. Como ele mesmo disse: 'A luta é minha vida.' O jovem Mandela também se formou em Direito e o exerceu. Junto com Oliver Tambo, abriu o primeiro escritório de advocacia para negros em Joanesburgo.

"Na década de 1940, ele foi fundamental para a formação da radical Liga Juvenil do CNA, que estava determinada a mudar a face da política. Mandela foi eleito secretário nacional da Liga em 1948 e presidente em 1952. Muitos dos anos que se seguiram o viram profundamente envolvido em ativismo, clamando por mudança política e contra o cada vez mais agressivo apartheid. Ele teve um papel-chave na campanha do CNA de Desafio às Leis Injustas, em 1952, e no Julgamento por Traição, em 1961 Durante esse tempo, foi preso várias vezes sob as leis do apartheid e banido da atividade política. Percebendo que o CNA precisava se preparar para uma luta mais intensa, tornou-se uma força fundamental por trás da formação de uma nova parte do movimento de libertação, Umkhonto we Sizwe (MK), um núcleo armado para a luta. Mandela foi o primeiro comandante em chefe do MK.

"Ele deixou o país em 1962 e viajou para o exterior visando obter treinamento de guerrilha para os membros do MK. Quando voltou para a África do Sul, foi preso por sair ilegalmente do país e incitar greves. Mandela foi acusado de sabotagem no julgamento de Rivonia. Esta é sua famosa declaração no banco dos réus, em 1964: 'Eu lutei contra o domínio branco, e lutei contra o domínio negro. Acalentei o ideal de uma sociedade livre e democrática na qual todas as pessoas vivessem juntas em harmonia e com oportunidades iguais. Esse é um ideal que espero vivenciar e atingir. Mas, se preciso for, é um ideal pelo qual estou preparado para morrer.'

"No mesmo ano, Mandela e os outros acusados foram condenados à prisão perpétua, no julgamento de Rivonia, e enviados para Robben Island, perto da Cidade do Cabo. Na prisão, Mandela rejeitou as propostas de seus carcereiros de soltá-lo na condição de ele renunciar à violência. 'Os prisioneiros não podem fazer acordos', disse ele. 'Só os homens livres podem negociar.' Ele ficou preso durante 27 anos por sua convicção de combater o apartheid e as injustiças. Solto em 11 de fevereiro de 1990, dedicou-se totalmente ao trabalho de sua vida, tentando atingir os objetivos que ele e outros tinham estabelecido quase quatro décadas antes. Em 1991, na primeira conferência nacional do CNA na África do Sul, após ser banido durante décadas, Nelson Mandela foi eleito presidente do CNA, enquanto seu amigo e colega de longa data Oliver Tambo era eleito presidente nacional da organização.

"Em uma vida que simboliza o triunfo do espírito humano, Nelson Mandela aceitou em 1993 o Prêmio Nobel da Paz, junto com F. W. de Klerk, em nome de todos os sul-africanos que sofreram e se sacrificaram tanto para trazer paz à nossa terra.

A era do apartheid chegou formalmente ao fim em 27 de abril de 1994, quando Nelson Mandela votou pela primeira vez em sua vida, junto com seu povo. Contudo, muito antes dessa data e até mesmo antes do início das negociações no World Trade Centre, em Kempton Park, havia se tornado óbvio que o CNA estava cada vez mais traçando o futuro da África do Sul.

"Nelson Rolihlahla Mandela tomou posse como presidente de uma África do Sul democrática em 10 de maio de 1994. Esse ícone mundial trabalhou incansavelmente mesmo depois da conquista da democracia na África do Sul para continuar melhorando vidas. Mesmo quando se aposentou da política, voltou sua atenção para questões sociais como o HIV/aids e o bem-estar das crianças da nação. Como um testemunho de sua profunda inteligência política e sabedoria, e de seu incessante compromisso de tornar o mundo um lugar melhor, Mandela formou o prestigioso grupo The Elders, um grupo independente de eminentes líderes globais que oferecem sua influência coletiva e experiência para apoiar a paz, ajudar a abordar causas importantes do sofrimento humano e promover os interesses comuns da humanidade.

"O Sr. Mandela deixou sua esposa Graça, três filhas, 18 netos e 12 bisnetos."

Grato por ter chegado ao fim, dobrei o papel em minhas mãos, respirei fundo e gritei:

— *Amandla!*

O poder.

E minha família respondeu:

— *Ngawethu!*

É nosso.

*

Em 2006, Laila Ali, filha de Muhammad Ali, veio para uma visita, e quando o Velho apertou a mão dela, disse: "Eu era um lutador." Nunca foram ditas palavras mais verdadeiras. Ele foi durão quando necessário, mas esperto quando foi para a prisão e sábio quando saiu. Eu nem sempre vi a diferença, mas vejo agora, e espero ser como ele algum dia.

Ainda moro em nossa casa em Houghton. É muito para administrar sozinho, mas consigo fazer isso com a ajuda de Andile e tia Maki. Todos os dias desejo que Mama Xoli estivesse aqui, mas agora ela está em casa com sua própria família, onde quer estar. Certamente mereceu isso. Durante muitos anos sua irmã cuidou de seus filhos enquanto Mama Xoli cuidava de meu avô, de mim e de nossa família.

O escritório do Velho permanece exatamente igual, mas, ao redor, a vida continua. Nos fins de semana, quando meus filhos estão comigo, eles correm e brincam, e sei que se o espírito de meu avô estiver presente apreciará o som de suas risadas. Nossa família tem lutado desde que perdemos nosso patriarca, mas luta não é algo novo nesta família. Os Mandela são fortes. Os Mandela são resilientes. Os Mandela aguentam.

As pessoas em minha família são muito sociáveis, como a maioria dos sul-africanos. Nós somos muito comunitários. Eu dificilmente faço algo sozinho. Nunca almoçaria sozinho. Embora seja normal almoçar sozinho, as pessoas me perguntariam: "Ah, Ndaba, está tudo bem? Você está bem? Por que está sozinho?" Ninguém sai para comer sozinho. Essa é a nossa cultura, e adoramos isso. Fico à vontade em qualquer lugar do mundo se estiver em boa companhia. Gosto de pessoas. Isso não é só um clichê para mim; são as pessoas que fazem o lugar. Os africanos gostam de uma boa festa, um belo aniversário, um jantar em família em um feriado. Neste momento, estamos planejando comemorar os cem anos de Madiba, e será literalmente uma "festa em todo o mundo"

Acredito em *Ubuntu*, a interdependência básica da humanidade. Essa ideia foi promovida por meu avô em meus anos de formação e ecoa em meu íntimo como uma verdade inegável, porque a vejo em ação em todos os lugares em uma base regular. Acredito que mudanças positivas ocorrerão em nosso mundo, mas sei que só virão em consonância com união, compreensão e ação.

— Quando um viajante chega à sua aldeia — disse Madiba —, se ele não tiver de pedir comida e água, isso é *Ubuntu*. — Não é só você partilhar o que tem; é antecipar as necessidades alheias e se certificar de que sua casa está em ordem e você está em uma posição de cuidar dos outros. Cuidar bem de você mesmo é o primeiro passo para melhorar sua comunidade. Você adquire poder e então pode ajudar os outros.

Nós vivemos em um mundo em que tudo está interligado, mas precisamos nos certificar de que entendemos como estamos tratando uns aos outros. Devemos lutar por um mundo mais próspero para todos. Devemos trabalhar para preencher a lacuna que existe entre os ricos e os pobres, reconhecendo nossa humanidade comum. Não podemos combater terrorismo com terrorismo; só poderemos vencer essa batalha com união. Com certeza, nosso governo nunca fará isso por nós. Temos de mudar o mundo, começando dentro de nossos corações. Devemos assumir o controle de nosso próprio destino e não o deixar nas mãos daqueles que pensam que têm todo o poder. Eles não têm. Eu sou uma prova viva disso, porque nasci durante o apartheid e agora sou livre. Eles não tiraram aquelas algemas de mim voluntariamente. Alguém teve de me defender. Alguém teve de ser um lutador.

O que aconteceria se você se levantasse agora — no ônibus, em um avião, na biblioteca, no playground da escola, sozinho em seu quarto? Apenas se levantasse agora e estendesse sua mão na direção do futuro e dissesse esta verdade para a pessoa que você será amanhã:

Isso está em nossas mãos.
Isso ESTÁ em nossas mãos.
Mudar o mundo.
Juntos, podemos conseguir tudo.

Certo. Agora você pode se sentar de novo. Como foi isso? Alguém sorriu em sua direção? Você iniciou uma conversa ou talvez tenha plantado uma semente na mente das pessoas sobre o que é possível para elas?

Em minha vida, tenho tido extraordinárias oportunidades de alcançar as pessoas com uma mensagem que combina novas ideias com o legado de paz, esperança e mudança positiva de meu avô. Estou constantemente viajando para diferentes partes do mundo, falando para um crescente público de jovens que anseiam por mudança e inspiração. À medida que a mídia social e o acesso à internet aumentam em todo o mundo, a mensagem atemporal de Madiba promete repercutir nas próximas gerações. Espero ver vocês no futuro algum dia. Sou grato pelo tempo que dedicaram a ler este livro.

Como pai e mentor, partilho com meu avô um sentimento profundo de gratidão, esperança e responsabilidade. Gostaria que o Velho pudesse ver Lewanika agora — com sete anos, aprendendo a ler, e sempre pronto para defender sua irmãzinha. Não que alguém precise defendê-la. Com quatro anos, ela é muito combativa e briguenta. Adoro isso. Vejo em meus filhos todo aquele potencial que meus pais e avós viram em mim. Continuarei a fazer o possível para ser a pessoa que eles esperavam que eu fosse, dando ao meu filho o mesmo exemplo que me foi dado, incentivando-o, sabendo que um dia ele irá para a montanha e voltará como um homem.

Agradecimentos

Essa é a minha verdade, como eu me lembro dela. O diálogo foi reconstruído com objetivos dramáticos, usando cartas, vídeos e registros públicos. Fiz o possível para permanecer fiel ao espírito de conversas, eventos e relacionamentos retratados neste livro com base em minha perspectiva única. Outros podem se lembrar disso de um modo diferente, baseados em suas perspectivas únicas, e eu os respeito. Minha jornada me ensinou muito sobre história, política e economia, e neste livro compartilho minha opinião, respeitando as opiniões diferentes dos outros. Embora eu tenha falado sinceramente aqui sobre meu uso de maconha, não aprovo bebida para menores de idade, uso de maconha por menores de 21 anos ou qualquer tipo de abuso de substâncias em geral. Nenhuma parte deste manuscrito deveria ser considerada ou interpretada como informação legal ou médica, testemunho ou conselho. Minhas opiniões não refletem necessariamente as opiniões da Africa Rising, UNAIDS, da família Mandela ou de qualquer organização que me contratou ou recebeu como orador, ou quaisquer organizações que possam me contratar ou receber no futuro. Agradeço ao meu agente Albert Lee e à sua equipe na

Aevitas Creative, à minha editora Michelle Howry e sua equipe na Hachette, à minha colaboradora Joni Rodgers e sua agente Cindi Davis-Andress.

Agradeço a Deus Todo-Poderoso por me permitir trabalhar neste projeto durante os últimos dois anos, e concretizá-lo. Agradeço ao Senhor Deus Todo-Poderoso por me dar o melhor presente de todos, minha maior inspiração e motivação, meus dois lindos filhos. Papai não é perfeito. Cometi erros e desapontei vocês — provavelmente não pela última vez. Por favor, saibam que não importa o que aconteça, seu pai os ama mais do que tudo neste mundo. Gostaria de agradecer a Khomotso, a mãe de meus filhos, por ser uma boa mãe e cuidar de meus preciosos pequeninos.

Obrigado, Andile, por estar presente e ser um ótimo irmão, aconteça o que acontecer. Mbuso, espero que você leia este livro e aprenda algo com ele. Não importa quantas brigas tivemos, ainda sou seu irmão mais velho. Vamos apenas respeitar um ao outro. Afinal de contas, isso é tudo que nós temos. Não fique zangado comigo quando eu lhe pergunto sobre a escola ou seus filhos, Mbuso. Sei que estou fazendo isso para o seu bem. Todos nós precisamos de um empurrãozinho para nos tornarmos seres humanos melhores. Ninguém é perfeito. Mandla, nenhum homem é uma ilha. Ouça e aceite conselhos; eles existem para fazê-lo tomar decisões melhores. Nosso avô falava sobre o perdão. Essa é uma lição que todos nós podemos aprender com Madiba e a vida dele. Sim, carregamos o nome Mandela como herdeiros legítimos, mas não somos os únicos Mandela. Junto com grande poder e influência vem uma grande responsabilidade, irmão. Temos de fortalecer e manter esse grande legado que herdamos, e isso significa partilhá-lo, como nosso avô o partilhou com seu país, a África e o resto do mundo.

Tia Maki, obrigado por estar lá para mim. Não se canse; há uma longa estrada pela frente. Eu a amo, Mama Ursa. Tukwini, minha irmã, onde eu estaria sem você e sua proteção? Eu sei que você sempre me apoiou. Kweku, meu irmão, você já sabe, cara, nós começamos essa coisa e continuaremos até as rodas pararem de girar, e isso significa pelo resto da vida, meu irmão. Gada Gada, para cima e para baixo nós vamos, mas juntos iremos mais longe do que jamais pudemos imaginar. Se a morte de vovó Winnie nos ensinou alguma coisa, é que somos os cabeças desta família. Lembra-se do que ela nos contou sobre o museu do apartheid? Ela não estava falando apenas sobre isso, mas também sobre o país em geral, meu irmão. Para o resto da minha família: eu amo todos vocês. Nem sempre nos vemos, mas, por favor, vamos apoiar uns aos outros o máximo possível. Slege Mistro the God, Dice Makgothi: não tenha medo de seu destino. Você é mais poderoso do que pensa. Saiba que eu farei tudo que puder para você chegar lá, e acredito que você está aí para mim a fim de que eu possa alcançá-lo também.

Aos meus colegas sul-africanos: nós percorremos um longo caminho, mas a luta ainda não terminou. Agora lutamos pela emancipação econômica. A terra é grande parte dessa reconstrução, mas tem tudo a ver com você se equipar com as habilidades necessárias. Ser apenas seu dono não mudará o rumo deste país dividido e da economia que herdamos. Irmãos e irmãs africanos, sem essa união e solidariedade nunca poderemos cumprir nosso destino, criando o continente próspero, unido e independente que sabemos que o nosso deve ser. Somos nosso pior inimi go. Divididos, fracassamos. Juntos, somos bem-sucedidos. Para aqueles na maior diáspora: precisamos de vocês como precisamos uns dos outros. Aprendam sobre suas raízes. Viajem para suas origens. Sorriam sempre que virem um colega africano

A TRILHA PERCORRIDA

Nunca se sabe aonde isso poderia nos levar. A grandeza está dentro de todos nós. Foi o que Nelson Mandela me ensinou. Vamos ocupar nosso justo lugar nesta terra e lembrar às pessoas do mundo nossa humanidade comum, o único destino que partilhamos como seres humanos. Vamos nos livrar do preconceito. Este mundo não gira em torno de você. A humanidade não pode continuar a repetir os mesmos erros. Está na hora de avançarmos como um povo, e isso só pode ser feito se trabalharmos juntos como um.

NDABA MANDELA
Joanesburgo, África do Sul
2018

Sobre o autor

O autor/ativista Ndaba Thembekile Zweliyajika Mandela é um influenciador assertivo e agente de mudança no continente africano e na arena da política internacional. Ele nasceu na África do Sul, em 1982, enquanto seu avô, Nelson Mandela, enfrentava uma terceira década na prisão em Robben Island. Ndaba passou sua primeira infância em Transkei, Durban e Joanesburgo, cercado de uma grande e ampliada família que incluía lendários ativistas do Congresso Nacional Africano. Testemunhando tanto os chocantes abusos do apartheid quanto a complexa luta para lhe pôr fim, Ndaba foi desde cedo exposto aos ideais radicais de democracia e resistência, e desenvolveu um agudo senso de consciência política para além do gás lacrimogêneo e das incursões da polícia em sua vizinhança, em Soweto.

Em 1989, Ndaba conheceu seu avô na prisão Victor Verster. Alguns meses depois, Nelson Mandela era um homem livre e, em 1993, logo antes de ser eleito o primeiro presidente negro de uma África do Sul democrática, levou Ndaba para morar com ele, apreciando a oportunidade de estar lá para seus netos de um modo que não pudera estar para seus filhos e suas filhas.

A TRILHA PERCORRIDA

Ser criado por uma lenda apresentou seus desafios, mas Ndaba superou uma adolescência conturbada e se especializou em Ciências Políticas e Relações Internacionais na Universidade de Pretória. Ele se formou em 2009 e começou sua carreira como consultor político sênior da embaixada do Japão na África do Sul e foi responsável pelo relacionamento com clientes de um grupo internacional de gestão de ativos.

Ndaba e seu primo Kweku Mandela são cofundadores da Africa Rising, uma fundação sem fins lucrativos dedicada aos vários desafios socioeconômicos enfrentados por africanos de todas as cores, credos, orientações sexuais e convicções políticas. Em seus primeiros dez anos, a Africa Rising lançou projetos e campanhas na mídia voltados para a aids, o desemprego dos jovens, educação e outros assuntos críticos. Um objetivo para os próximos dez anos é "criar cem Mandelas" através de um programa de liderança concebido em torno dos princípios e das estratégias proativas personificadas por Nelson Mandela. Recentemente nomeado um dos "28 Men of Change" da BET, Ndaba é apaixonado pela ideia de desenvolver a África como um continente e cultivar uma nova casta de jovens africanos poderosos em todo o mundo. Ele viaja muito, falando sobre progresso, união e o Legado de Mandela. Passa seu tempo livre saindo com amigos, em companhia de sua família e criando seus filhos com a mesma crença básica que seu avô incutiu nele: "Juntos, podemos conseguir tudo."

Este livro foi composto na tipografia
ITC Giovanni Std, em corpo 11/16, e impresso
em papel off-white no Sistema Cameron
da Divisão Gráfica da Distribuidora Record.